18歳から
はじめる
情報法

［第2版］

米丸恒治 編 *Yonemaru Tsuneharu*

法律文化社

第2版はしがき

　本書初版は、この分野の初心者にもわかりやすく読みやすい構成・叙述としたことから、幸いにも情報法の分野を入門的に概観する書物として、多くの読者に受け入れられてきた。ここに執筆者を代表して謝意を表する次第である。

　しかし、情報法に関連する社会の動きはめまぐるしく、初版時には想定できなかったような DX（デジタル・トランスフォーメーション）の進展、SNS の社会への浸透、行政の動向としてはデジタル庁の設置、マイナポイントによるマイナンバーカードの普及施策等の実施、個人情報保護法の大幅な改正、プロバイダ責任制限法の改正、侮辱罪の重罰化、民事訴訟の IT 化などといった動きが出てきており、現在進行形となっている。

　このたび改訂の機会を与えられるにあたって、各章の執筆者で初版以来の全体構成を維持しながら、上記の動向に伴う必要最小限の修正を施し、アップ・トゥ・デートなものとするよう心掛けた。もちろん章によっては、かなり大幅な改訂をせざるを得なかった章もあるし、さほどの改訂を要しなかった章もあることは事実である。初版では、情報法が、情報をめぐる各種の法分野からのアプローチに基づき、その応用分野を超えたまとまりをもつ独自の法現象・法分野なのではないかとの発想に基づいて執筆された。この初版での成果に基礎を置くものであるから、各章で扱われている法原則や法解釈は、たとえば SNS などのより一層の社会生活への浸透、インターネット上に出現していたサイバースペースのリアルワールドとのシームレスな交錯などの結果出現している諸現象を前提としてはいても、本書の限られたスペースではそれらのひとつひとつをすべて解説し問題点を剔抉することはかなわないものと言わざるを得ず、基礎的なものの見方や考え方を中心に執筆せざるを得なかった。このことは、初版での執筆と方針を共通にするものである。この点、読者諸賢のご海容を請うところである。

　本書が、このたびの改訂の機会を得て、ますます多くの読者の目にとまり、情報法なる法現象・法分野の存在へのいざないとなることがあれば、著者のひとりとしてこれに勝る喜びはない。最後に、読者諸賢におかれては、本書に対するご意見・ご要望を法律文化社あてにお寄せいただきたく、お願い申し上げる次第である。

　　2022 年 8 月

著者を代表して　米丸 恒治

はしがき

　現在私たちが日常的に情報機器を使いながら生活している情報社会においては、いやおうにも各人が情報にかかわる法律問題に巻き込まれかねない状況が存在している。スマートフォンや携帯電話の恩恵だけではなく、それらを使った紛争にも巻き込まれかねない。便利な道具としてインターネットが日常生活に浸透すればするほど、一方でその危険性や問題点も陰の側面として浮かび上がってきている。私たちの社会生活における情報と法の関わりを取り扱うものとして、情報法という法分野が存在するのではないか、その観点からの諸テーマを一冊にまとめ概説したものが本書である。

　本書は、18歳からはじめる情報法の学習のための教科書・入門書として企画され執筆されたものである。情報法という分野は、まだ法学の一分野としては生成してまもなく、その体系的な構築は統一的に確立されたものとはなっていないといってよい状況にある。そうしたなかで、本書は、各人がパソコンやスマホなどでインターネットを利用する際等の日常的な状況のなかで遭遇する15のテーマを選び、教科書風にとりまとめている。大学の授業等で扱われる情報法の教科書として利用されることを中心に、それ以外の場合にも、ネット上で遭遇する法的な問題点を学ぼうとするみなさんの利用にも役立つように、全体を概観的に，そして各章の叙述は相対的に独立したものとして，どこからでも読み進めていただけるように執筆されている。

　情報ネットワーク社会の動きは素早く、様々な問題点がめまぐるしく生じている一方で、その法学的な検討はなかなか十分にはその動きに対応し切れていない状況にある。そうしたなかで、本書が、情報と法に関する諸テーマに関する入門的な知識を俯瞰的に提供できているとすれば、さいわいなことである。執筆者一同、扱うテーマは異なるものの、こうした姿勢と熱意を共有できているものと考えている。本書が、情報と法の諸問題に関心をもつみなさんに役立つものとなっていることを、心から期待するものである。

　最後に、本書の企画から刊行に至るまでの長期間にわたって、法律文化社の小西英央さんに、様々な援助と励ましをいただいた。本書がこのような形で刊行できたことについては、ひとえに同氏の編集者としてのご助力があったことによる。同氏に対しては、記して心からの感謝を表する次第である。

　2017年2月

編者　米丸　恒治

目　次

From 18

18歳からはじめる

情 報 法 ［第2版］

情報や通信は憲法とどのように かかわっているのだろうか

18歳からはじめる情報法
1

> **設例** Aは、友人のBから、大学の授業で「憲法と情報・通信」というレポートを出されて困っているという相談を受けた。Aは自分も関心があることから、憲法の条文を調べてみることにした。憲法の条文をみると確かに、情報や通信にかかわる条文はあったが、ないものもありそうである。名誉毀損、情報公開、個人情報保護等々、憲法と関係があるのだろうか。

1 表現の自由と知る権利

(1) 憲法の条文をみていくと、基本的人権については、第3章に規定がある。情報と通信にかかわる条文としては、次のような条文に情報や通信がかかわっていそうである。

> **第19条** 思想及び良心の自由は、これを侵してはならない。
> **第21条** 集会、結社及び言論、出版その他一切の表現の自由は、これを保障する。
> 2 検閲は、これをしてはならない。通信の秘密は、これを侵してはならない。

これら2つの条文は、憲法の基本的人権の諸規定のなかでも特に、日本国憲法制定前の明治憲法の下で展開された不幸な思想統制・表現統制の歴史の反省に鑑みて、その憲法上の重要性を明示された条文である。2つの条文自体は、古典的なありふれた内容を保障するようにみえるその外見とは裏腹に、現代の社会においても、多様な価値を尊重し、民主主義社会の機能を左右する重要な役割を有する。

(2) これら2つの基本的人権のなかでも、民主主義を基本原則とする現在の社会において、表現の自由は、民主主義を活性化させる手段として不可欠な権利であり、最も重要な権利であるといってよいであろう。憲法上も、その文言の上で、一切の表現の自由を保障するとしている。憲法の基本的な人権の諸規定のなかでも最高レベルの位置づけの保障を受けている。一方で、憲法は無制限な表現の自由を保障しているとされているわけではなく、憲法が12条で明示しているように、「国民は、これを濫用してはならないのであつて、常に公共の福祉のためにこれを利用する責任を負」う。特にここで注意を要するのは、電子掲示板やSNS[1]などのネット上で匿名または仮名[2]で他人の権利を侵害するような表現のように、インターネット時代の今こそ再検討を迫られてきている表現の自由の分野があることである（本書❺参照）。インターネット上では、匿名または仮名で他人の名誉や営業等を侵害する表現がなされれば、ネットで瞬時に広範囲に伝搬するだけでなく、いったん伝達された情報が削除されることなく存続し続けることによって、従来では考え

➡1 SNS
Social Networking Service. TwitterやFacebookなどのような社会的ネットワークを構築するのを支援するサービス。狭義では、Webサービスなどは除外されることが多い。

➡2 匿名または仮名
厳密には、匿名は氏名等識別できる記号なしに、無名で書き込み等を行う状態を指すのに対し、仮名の場合には、ニックネームやIDなど実名ではないが識別符号を用いている状態を指す。仮名の本人とのつながりが明らかになれば、本人特定につながる。

2

られないような悪影響を生じ続ける特性までもつに至っている。そうした
ネット社会における表現活動の特性に鑑みても、日本国憲法が前提的に基本
的人権の基本原則として明示的に定めている、基本的人権の濫用禁止と公共
の福祉【→3】の観点からの制約には改めて注意が払われなければならない。基本的
人権が重要なものであればあるほど、他人の人権との調整や公共の福祉の観
点から、様々な制約を受けることへの絶えざる留意が求められる。もちろ
ん、その際、様々な表現への公権力【→4】によるパターナリスティック【→5】な介入を正
当化するものではないし、同様のことは社会的な権力【→6】による表現活動への関
与についてもいえる。

　(3)　他人の権利を侵害するとまではいえないが、公共の秩序維持の観点か
ら表現の自由が一定の制約を受けることがある。各国でインターネットをめ
ぐる法律問題として特に問題となってきたのが、性表現の自由とその限界の
問題である（本書❹参照）。性表現により侵害される権利や法的利益には様々
なものがある。性表現が成長途上の児童を対象とするものである場合には、
当該性表現の対象とされる子どもの権利を侵害するものとして、憲法上も一
定の制限を受けると考えられてきている。成長途上の児童の性的な虐待は、
長期的に心理的にも重大な悪影響を与え続けるだけでなく、同様の行為を誘
発するものとして、国際的な観点でみても、児童ポルノとしてそれを禁止す
ることにより（いわゆる児童買春・児童ポルノ処罰法）、子どもの権利を擁護し
ようとする法制度が支配的になっており、わが国も同様である。

　他方、性表現については成人同士のそれを同様に公権力により規制してよ
いかどうかの問題がある。特に、日本においては、本書❹で扱われるよう
に、成人同士の性表現をも含め包括的に「わいせつ」な性表現（「わいせつな
文書、図画、電磁的記録【→7】に係る記録媒体その他の物を頒布し、又は公然と陳列」）を
刑罰（2年以下の拘禁刑若しくは250万円以下の罰金若しくは科料に処し、又は拘禁
刑及び罰金を併科するとする）により一律に禁止する刑法175条の規定がある

→3　公共の福祉

　国家的利益または社会全体の観点からの共通利益を指す。基本的人権の制約法理として、その具体的な内容が問われてきている。

→4　公権力

　公権力とは、一般に国や憲法上地方自治権を保障された地方公共団体などのように、統治権力の行使を国民により負託された権力機構による命令や強制を指す。実力の行使のみならず、権威による強要などまで広く意味することもある。

→5　パターナリスティック

　直訳すれば父親温情主義的であるが、子どもや女性などの立場の弱い者を保護しようとする立場から、その権利実現のための保障を立論しようとする立場やその考え方をいう。

→6　社会的な権力

　ここでは、労働者に対する企業、政党、マスコミなど、民間において、事実上強力な影響力を有しうる組織の権力を指して用いている。

→7　電磁的記録

　一般に、電子的方式、磁気的方式その他の人の知覚によっては認識することのできない方式で作られる記録であって、電子計算機による情報処理の用に供せられるものと定義される（例：刑法7条の2）。

うらむ❶-1　マスコミと情報に関する権利

　本書本文では、いわゆるマスコミの役割と権利についての叙述は割愛した。ここでマスコミとは、テレビやラジオなどの放送事業者や、新聞等の出版社を指している。マスコミという用語自体、本文でも述べたように、マスコミ事業者から国民等への1対多の主として一方的な報道や情報提供を行う事業を念頭に置いており、それらが現在の民主主義社会において果たす重要な役割に着目して、それに特別の権利を認め、公権力からの統制の排除等が議論されてきたものである。そこでは、民主主義社会において、放送や新聞が、報道機関として、また世論形成に重要な影響を与える機関として果たす役割の大きさに注目したものであって、マスコミに関する法のあり方として、国家権力等公権力の不当な干渉を排除して、マスコミの自由な取材や報道を保障するものであるべき点に、法制度の基本がある。

　日本国憲法は、マスコミの自由を直接明文で保障してはいない。しかし表現の自由（憲法21条）及び検閲の禁止（憲法21条2項）は当然にマスコミによる報道活動のあり方及び内容の保障に及ぶと解されている。取材・報道が自由に行われる前提としての取材源秘匿にかかわっては、最高裁は、博多駅テレビフィルム提出命令事件決定において、報道機関の報道の自由を認めた（最高裁大法廷昭和44年11月26日決定 刑集23巻11号1490頁）。

　新聞については、新聞界の自発的な規制にゆだねているが、放送は、その利用できる電波周波数の数が有限であること、またその社会的影響力が大きいことを理由に、電波法（昭和25年法律第131号）および放送法（昭和25年法律第132号）によって特別の規制の下に置かれ、設立についての放送用無線局開設の免許制がとられ、公安および善良な風俗を害しないことや政治的の公平性の要求などの内容規制等がなされている。

　マスコミ等については、個人情報保護法の適用についても、その活動を制限することとならないように、法規制を適用除外している（本書⓫参照）。

ことによって、一定の性風俗の秩序づけが権力的になされてきており、芸術的な表現も含め、あるいは有害性が必ずしも明白でないような成人同士の性表現についても規制がなされている。結果的に「公共の福祉」の観点からの規制がなされている。インターネットが至る所で普及している現在では、日本の法律で禁止されているような性表現であっても、そうした表現を法的に認めている国のコンテンツによって、ネット外の法制度とネット上の「現実」が明らかに齟齬するまま共存している悩ましい問題がある。こうした性表現の問題は、インターネットがもたらした最大の法的衝撃といっても過言ではない。

(4) また、本書では独立の章としては取り上げてはいないが、マスコミの報道の自由も表現の自由という観点から、歴史的にも現実的にも特に重要な役割を果たしてきている（うらむ❶-1）。現在でも、ネット上でのニュース等のコンテンツ提供によって、報道活動の場が拡大されつつあるが、一方で、ネット上では、多くのユーザの発する多様な情報により情報の流通が豊富なものとなり、マスコミに限定されない重要な役割をそれら市民による情報や表現活動が担いつつある。現状では、インターネットによってマスコミも一般のユーザもそれらが発信しつつある情報の質とそれらの力量を問われつつあるともいってよいであろう。

表現行為については、表現の自由が憲法上明文で保障されている一方、「知る権利」について語られることも多い（本書❶参照）。しかし憲法上には知る権利についての明文の規定はない。学説上は、表現の自由の権利行使のためには、その前提として、当然のことながら、特に民主的な行政のコントロールなど公共的に重要な情報について「知る権利」が保障されていると解釈されてきた。このように、憲法上明示的には規定がないが、権利保障されるべき人権もある。最高裁も、報道機関の報道との関係で、国民の知る権利を憲法21条の保障の下にあると述べている（最高裁大法廷昭和44年11月26日決定 最高裁判所刑事判例集（以下、刑集）23巻11号1490頁）。

2 人 格 権

前述のように、憲法上明文で保障された表現の自由のような権利といえども、他人の権利を侵害することはできないことに異論はないであろう。人の生命や健康のみならず、人の情報に関する諸権利も、憲法上は包括的に保障されていると考えられてきている。その憲法上の基礎は、憲法13条である。同条は、「すべて国民は、個人として尊重される。生命、自由及び幸福追求に対する国民の権利については、公共の福祉に反しない限り、立法その他の国政の上で、最大の尊重を必要とする。」と定めて、私たち個人の名誉や人格など精神的な諸価値に対しても憲法上の保障を与えており、その根拠は憲法13条の幸福追求権という包括的な権利に基礎づけられている。

憲法13条の保障する包括的な権利としての人格権には、人の生命や健康、身体的自由といった諸利益から、人の名誉、氏名、人格、貞操、信用などの精神的な諸利益まで包括的に保障されていると解されてきている。これらの諸利益は、法的に保護されるものとして包括的に人格権と呼ばれる。法的に保護されることの表れとしては、その侵害行為があれば、侵害者に対してはその侵害を不法行為として損害賠償請求が民法上認められるほか（民法709条）、侵害行為の差止請求も認められることになる。なお、民法上は、身

体・自由・名誉に対する損害が例示されているが、信用や氏名などの諸利益も、人格権により保護されるものとされ、刑事上は、名誉毀損の罪などにより処罰される。これら諸利益に対して損害賠償や差止請求が裁判所により認められることが、その権利性の証なのであり、その根拠が包括的基本権なのである（本書❺参照）。また、人が他人に知られたくない私的な事項については他人による捕捉から保護されるほか（プライバシー権）、現在では、憲法上保護されているかどうかはともかく、個人情報保護法制によって、広く個人識別情報（個人情報）を保護し、その主体たる個人がそれをコントロールする権利も法制度上認められている（本書❿参照）。

3　通信の秘密

　憲法21条2項は、前述のように、「通信の秘密は、これを侵してはならない。」と定め、秘密が守られた通信を憲法上明文で、かつ条文上は無条件で保障している（本書❸参照）。郵便、電話、最近では電子メール等で、特定の人から人へと伝達される意思が、国等の公権力等によって探知されず自由になされることを憲法上明確に保障しているものである。

　通信の秘密は、憲法21条の保障規定を受けて、さらに郵便については郵便法（郵便法8条）、電話や電子メール等の電気通信については、電気通信事業法（電気通信法4条）および有線電機通信法（有線電気通信法9条）などの法律の条文でも、明示的に保障され、さらに、その実効性を持たせるために、通信の秘密を侵した者に対しては、罰則を科すこととされている。手紙・電話・電子メール等の電気通信が公権力等によって探知され、侵害されないよう憲法および法律上、厳格な保障がなされている。また、通信の発信前から発信後に至るまでの全過程で、通信の内容を調査することは許されず、そこでは通信の外形的な事実、すなわち通信の有無や相手先なども保護の対象とされるといわれている。通信の傍受のように、通信内容に影響を与えないよ

うらむ❶-2　ユニバーサル・サービスと生存権

　現在の情報化社会においては、かねてから安全保障のために保障されてきた緊急電話や電報などのようなサービスが利用可能であることに加えて、社会生活に必要な様々な情報を適切な価格と方法で入手したり流通させたりすることがきわめて重要になっている。

　現在にあっても、電話の使えないところでは交通事故や火災などの緊急時に警察や消防などの機関に救助を求めることはできない。そのための緊急通報は、過疎化が進んだ地方にあっても、生活に必要なサービスとして十分に設備が整備され保障される必要がある。最近では、緊急地震速報などの緊急情報が電子メールで配信されたり、行政上の重要な情報が電子的に公開されたりしてきているのに対しても、その受け皿として、社会生活に必要な基盤的サービスとして国民側のサービス利用が可能でなければならないといえよう。

　また、地理的条件の悪さにかかわらず電気通信を通じて、社会的に有用な各種の情報やサービスが電気通信ネットワークを通じて利用可能になっていることは、国土の一極集中・都市部への人口集中に対応し、場合によってはそれを是正するための重要な社会基盤となるともいえる。

　従来、憲法25条の生存権保障は、生活保護などの社会保障の分野を中心にその保障範囲が議論されてきたが、ここで述べたようなユニバーサル・サービスの保障についても十分妥当するものとして、議論が深められなければならないだろう。現在のユニバーサル・サービスの保障内容は、本書❸で述べるような仕組みで電気通信の加入者個人に財政負担が転嫁されるような仕組みになっているが、国等の公的な負担でなくてもよいのか、またその保障内容が、音声通話に限定され、インターネットの利用を含んでいないなど生存権で保障される最低限度の文化的水準をクリアしているのかなど、再検討も必要であろう。

うな行為も、通信の秘密を侵す行為として、禁止・制限の対象となることに注意が必要である。それほど通信の秘密の保持を通じた自由な通信は、市民の重要な権利として保障されているのである。

憲法上保障されている通信の秘密について、現在では、重大な一定の犯罪捜査のために「犯罪捜査のための通信傍受に関する法律」（平成11年法律第137号）が制定され、例外的に通信傍受がなされている（本書❸参照）。また、個人の人格権を侵害したような場合において、侵害者に対する損害賠償等を可能とするために、「特定電気通信役務提供者の損害賠償責任の制限及び発信者情報の開示に関する法律」（プロバイダ責任制限法）（平成13年法律第137号）が、通信の発信元の情報開示を求めることができるよう開示請求権を例外的に認めている点にも注意したい（本書❼参照）。無条件で通信の秘密を保障している憲法の規定にもかかわらず、公共の福祉の観点や他人の人権保障の観点から、例外的な通信の秘密の探知や暴露の手続が法律レベルで合法なものとして認められている。

4　情報と財産権

日本国憲法は、情報を経済的側面からも保障している。憲法29条は、「財産権は、これを侵してはならない。」と定め、第2項で「財産権の内容は、公共の福祉に適合するやうに、法律でこれを定める。」としている。情報は、たとえば人の知的創作活動の産物である創作物に対する権利である特許権、実用新案権、意匠権、著作権や、営業に関する識別標識に対する権利である商標権などの保護対象として、経済的な価値をもたされている。現在の情報社会においては、人の知の産物であるこれらの情報も財産権として膨大な利益をもたらしうるものであり、また、商号や商標のように、人の経済活動を情報面から保護するものとしても、それに経済的な権利としての利益が承認され保護されているのである（本書❷参照）。

これら財産権として経済的権利性が認められる諸権利を、知的財産権と呼んで、様々な法律がその保護と利用に関する詳細な規定を置いているが、その基礎となるのは、憲法29条であるといってよいだろう。しかし、同条2項でも定めているように、知的財産権についても、人類共有の財産として自由使用を一定の法定の条件の下で認めるなど、公共の福祉の観点からその具体的な保護期間や保護のための登録などの手続については、それぞれの知的財産権ごとに関係法律が具体的にその内容を詳細に定めている。

5　情報と生存権

情報の有無や通信手段の利用、たとえば緊急時の110番、119番通報の可否は、私たちが安全に生存していくための不可欠の手段であり、緊急通報だけではなく、電話や電子メール等を利用して電気通信サービスによって様々な文化的な情報を送受信することができる（知人・友人との通信のみならず様々な文化的・娯楽的情報（番組を含む）を入手する場面を想起してほしい）ことは、私たちが現代の情報社会で、安全で文化的な最低限度の生活を送るために必要なサービス保障の一部であると考えることができるであろう。

情報や通信をめぐっては、国土にあまねく提供される必要最低限のサービスがユニバーサル・サービスとして、議論され制度化もなされてきている。

郵便をめぐっては、現在、郵便局のネットワークが日本全国に張り巡らされ国内のどこからでもポストや郵便局が設置されている限りにおいて、低廉かつ手軽に郵便の利用が認められている。郵便については、提供者を国の外郭団体たる特殊法人によることとし、郵便法により低廉な価格に規制をすることにより、ユニバーサル・サービスの確保がなされている。電気通信サービスをめぐっても、詳細は本書❸で扱うように、同様に国土にあまねく提供されるべきものとされるサービスについては、NTT東日本および西日本にそれを提供させることとして，そのために必要なコストについては、ネットワークに接続され電話番号が割り振られている端末ごとに数円の負担を事業者経由で最終的にはエンドユーザに負わせている。

その際、日本国憲法には、郵便や通信についてのユニバーサル・サービスについての具体的な明文規定はない。しかし、このユニバーサル・サービスの保障は、憲法25条の生存権の保障内容に含まれていると考えるべきではなかろうか。25条は、健康で文化的な最低限度の生活を国民に保障する条文であるが、緊急通報が可能でより高度の電気通信のサービスも受けることができることは、まさに、安全で文化的な最低限度の生活の保障に含まれると考えられるのである（本書❸参照）。

6　生成途上の権利？

前述してきたような諸権利のうち、明文で憲法上保障されていない諸権利で学説や判例の積み重ねの上にその存在が確立されてきたものも多かった。情報社会の進展のなかで、憲法が明示していないものではあるが権利として確立が求められることが必要なものも、出てくるかもしれない。諸外国での新たな権利の生成についての議論（コラム❶-3参照）もまた参考として注目されるところである。

....

コラム❶-3　忘れられる権利・IT基本権

日本国憲法は、1946（昭和21）年に制定されて以来改正されておらず、それが明文で保障する国民の基本的人権のカタログも制定当時の時代的制約の下にある。それに対し、成文憲法の間隙を埋め時代に即応した基本的人権の解釈による豊富化もまた必要であろう。本文で述べたような人格権による情報関連の権利の包摂・保障はその典型的な事例であろう。一方、欧州では、情報に関する権利が憲法裁判等によって新たな展開をみせている。以下、忘れられる権利とIT基本権の例を紹介しよう。

「忘れられる権利」とはインターネットが発達した現在において、ネットを通じて記録され集積された情報について、個人の情報の自由の観点から、削除することを請求できる権利である。EU司法裁判所2014年5月13日判決は、スペインの男性が、グーグルを被告として、自己の過去の債務記録のリンクの削除請求をしたのに対して、請求を認め、「忘れられる権利」を承認したものとして、注目をあびたものである。本書❿で扱われる個人情報保護法に基づく個人情報削除請求権と重なり合う権利であるが、その実効性や範囲、相手方を含めて、注目される権利となっている。

2つ目の新しい権利生成の動きとして、ドイツの憲法裁判所が示したIT基本権にもふれておこう。ドイツ憲法裁判所は、2008年2月27日の判決で、州の憲法保護機関が行うオンライン捜査を認めるノルトラインヴェストファーレン州憲法保護法に対する憲法裁判において、IT基本権と略称される新たな基本権概念を示した。正式には、「情報技術システムの秘密保護と完全性に関する基本権」、略してIT基本権、コンピュータ基本権などともいわれる。情報通信システムにより、日常生活の多くが営まれている今日、その私的な領域の保護を、ITシステムの保護という観点からとらえなおし、外部からのオンラインでの捜査、自由や完全性の侵害を厳しく制限する基礎となる新たに注目される基本権概念である。

知的財産はどのような場合に法的に保護されるのだろうか

設例 Aは画期的な製パン方法を開発し、この方法を使用したパンの製造と、店舗での販売を行っている。Aの製造・販売するパンは、食感に特徴があり、非常によく売れている。ある日、Aの店舗の近所に、新しくパン屋Bがオープンした。Bの店名はAの店名とそっくりであるばかりか、販売しているパンの味もAのパンにそっくりである。Aが調査したところ、BはAの製パン方法と同じ方法でパンを製造していることが判明した。AはBに対して、法律上どのような請求をすることができるだろうか。

1 知的財産と知的財産法

(1) **情報の特徴** 設例のケースで、あなたがAの立場であればどうするだろうか。困ったことに、この「店名」や「製パン方法」というのは、あなた以外の人が模倣すること（すなわち、まねること、コピーすること）が可能である。Bのような者を放置すれば、同じようなことをする者が現れるかもしれない。ということで、あなたはBに対して、「わたしの店名とそっくりな店名を使うな」とか、「わたしの製パン方法と同じ方法で製パンするな」というような請求（差止請求）をしたいと思うことだろう。

この「わたしの店名」とか、「わたしの製パン方法」というのと、「わたしのパン」との間には興味深い違いがある。もちろん、パン屋の名前とパンというのはそもそも異なった存在であり、製パン方法とパンだってそうである。店名と製パン方法だってそうだろう。ここでしたいのはそのような当たり前の話ではなく、「店名」と「製パン方法」に共通していて、「パン」にはみられない特徴についての話である。

たとえば、あなたの店からパンが盗まれたとする。このことはつまり、そのパンが店からなくなっていることを意味する。逆に、そのパンが店からなくなっていないのであれば、そのパンは盗まれていないといえる。当たり前の話であるが、「店名」や「製パン方法」にはこのことは当てはまらない。あなたはBがあなたの「店名」や「製パン方法」を「盗んだ」と考えるかもしれないが、仮にそうだとしても、あなたの周りから何かが消えたわけではなく、あなたは依然として自分の「店名」や「製パン方法」を使い続けることが可能である。

このような、複数の人間が同時に利用できること（誰かがあなたの「もの」を使っても、それが減ったり無くなったりしないこと）という特徴は、情報の特徴である。つまり、「店名」や「製パン方法」は、情報であるという点で共通している。情報が無体物とも呼ばれるのに対し、形のある物は有体物と呼ばれる。情報＝無体物（店名と製パン方法）の上記の特徴は、有体物（パン）

→1 差止請求
特定の行為（設例のケースでいうと、店名の使用行為と製パン方法の使用行為）を止めさせるための請求は、専門的には「差止（さしとめ）請求」と呼ばれる。

と比較した場合の特徴だったのである。

（2）　**知的財産とその法的保護**　　上記の店名や製パン方法のように、営業活動にとって有益な情報＝無体物を、知的財産という。このほか、知的財産と呼ばれるもののなかには、文化的な活動によって生み出されたもの（著作物など）もあるが、これについては本書❻で紹介する。

　情報は有体物と違って、コントロールするのが難しい（有体物に対する権利である所有権で情報をどこまでコントロールできるのかという問題については、**うらむ❷-1**参照）。情報が一度広まると、たくさんの人によって同時に利用されることも可能になる。有体物を多くの人にいきわたらせようとすると、その人の数だけ製造する必要があるが、情報を広めるのはもっと簡単である。たとえばＡの製パン方法が誰かの手によってウェブサイトで紹介されると、きわめて多くの人がその情報を入手できることになるだろう。

　そのようにして情報が広まると、全国のパン屋がＡの方法を使ってパンを製造し始めるかもしれない。そんなことになるのを防止したければ、「Ａの製パン方法」という情報（知的財産）の利用行為を禁止できる「権利」が認められていることが必要となる。そのような権利、すなわち知的財産の利用を禁止することのできる権利を知的財産権といい、知的財産権を含めた、知的財産に関する様々なルールを定めている法を知的財産法という。

（3）　**知的財産保護のジレンマ**　　Ａの立場に立つと、自分が苦労して生み出した製パン方法を、他人が勝手に使うのを禁止できて当然であると思うかもしれない。社会の問題として考えてみても、もし苦労して有益な情報を生み出しても、それが他人に利用され放題で、生み出した人に一銭も入らないのであれば、そもそも有益な情報を生み出す人は現れなくなるかもしれない。新技術などの新しい情報が生まれない社会は、進歩のない社会であるといえるだろう。それは困る、と多くの人が考えるのではないだろうか。

　では、他人が苦労して作った情報を勝手に利用することは即違法としてよ

うらむ❷-1　所有権と知的財産権

　本文に述べたとおり、知的財産は情報（無体物）であるが、情報というのは有体物に固定されて利用されることがほとんどである。たとえば無体物としての「絵画」は知的財産（著作物）であるが、それは多くの場合キャンバスや絵の具などの有体物（美術品）に固定されて利用される。有体物である美術品は、所有権の対象となるので、美術品を所有者に無断で移動したり展示したりすると、所有権の侵害になる。したがって、美術館のような、美術品を展示するビジネスをやるためには、その美術品を購入して所有者になるか、所有者の同意を得ておくことが必要となる。

　ところで、美術館等で「写真撮影禁止」という掲示がされているのを見かけることがある。土地や施設の所有者が、その土地や施設に立ち入る人に対して、一定の行為をしないように要求すること自体は問題ないし、その要求に反する行為が所有権の侵害となることはありうる。したがって、上記の掲示に反して絵画を写真撮影す

ることが所有権の侵害になることもありうる（あるいは、入場の際に締結した契約の違反になることもある）。では、その撮影したデータを第三者が利用して、たとえば絵葉書を作るというような行為は、所有権の侵害になるのだろうか（なお、契約については第三者に効力は及ばないので、第三者が絵葉書を作る行為に対して、撮影者が美術館の入場時にした契約の効力は及ばない）。

　この点について判例は、美術品の「無体物としての側面」だけを取り出して利用する行為に所有権の効力は及ばないと述べている（最高裁昭和59年1月20日判決）。つまり、上記の例のように、無体物としての絵画のみを使用する行為については所有権は及ばない。絵画について著作権（知的財産権）を保有していれば、そのような行為についても禁止できる。もっとも、著作権は所有権と違って保護期間が限られているので（**うらむ❷-3**参照）、著作者が死んで70年より長い期間が経過している場合には、禁止できないことになる。

いかというと、話はそう単純ではない。Ａは製パン方法を開発したが、よくよく考えてみると、パン自体は昔からある食べ物であり、Ａはそれを改良したにすぎない。つまり、Ａだって先人の成果を勝手に利用しているのである。技術の進歩というのは、既に生み出されたものに改良を加えることを繰り返して達成される。先人の成果を利用できなければ、技術も進歩しない。

もう一点見逃せないのは、Ａの製パン方法が広まれば広まるほど、おいしいパンを食べられる人が増える、ということである。有体物を他人に渡せば、渡した人はもうその物を使えなくなるが、情報を他人に伝えても、伝えた人は依然としてその情報を使い続けられるので、情報が広まれば、それを使える人も増え、その恩恵を受けられる人も増える。つまり、情報が自由に利用できることで社会にもたらされるメリットも大きい。

以上要するに、苦労して情報を生み出した人が報われることも重要であるが、他人が作った情報を利用することも進歩には不可欠であり、また情報の利用を認めることで社会にもたらされるメリットも大きい。このことが意味するのは、情報を生み出した者を保護することと、情報を利用することを認めることとのバランスを取る必要があるということである。

そこで、知的財産法は上記のようなバランスを取るという観点から、どのような情報が、どのようなときに保護されるのか、また、その保護を受けられるのは誰なのかということなどについて、細かいルールを定めている。

（4）　様々な知的財産と知的財産法　　知的財産には様々な種類のものがある。代表的なものとして、技術的なアイデアである発明、産業上利用されるデザインである意匠、営業上用いられるマークである商標がある。これらは特許法、意匠法や商標法によりそれぞれ法的に保護がされている。「知的財産法」というのは、知的財産を保護するための法の総称であり、「知的財産権」というのは、これらの法によって知的財産に対して認められる権利（特許権、意匠権、商標権など）の総称である。

知的財産法の中には、商品等表示（商標と同じく、営業上用いられるマーク）や営業秘密など、幅広い知的財産法を保護する、不正競争防止法もある。また、著名人の氏名や肖像を商業的に利用する権利であるパブリシティ権（⊃ラム❷-2参照）も、知的財産権のひとつとして挙げられることがある。

以下では、冒頭の設例にある、製パン方法と店名表示のそれぞれについて、関係する知的財産法を紹介していくことにする。

2　製パン方法の保護：技術に関する知的財産法

（1）　営業秘密の保護　　Ａが自分の製パン方法を他人に知られると困るのであれば、その方法（ノウハウ）を隠すというのは、原始的だが有効な手段である。厨房を関係者以外立入り禁止にし、厨房で製パン作業をする従業者とは秘密保持契約を結んで、秘密が外部に漏れないようにしておけば、画期的な製パン方法を「独り占め」して、自分だけが食感のよいパンを製造・販売することができるはずである。では、秘密であるはずのその情報を、Ｂが入手して使用しているのだとしたら、どうなるだろうか。

Ｂがその情報を、Ａの従業者から入手したのだとしよう。この場合、その従業者はＡとの秘密保持契約に違反していることになりそうであるが、仮にそうだとしても、契約違反の責任を問われるのはその従業者であってＢで

➡2　ノウハウ
Ａの製パン方法のように、営業上有用な方法・秘訣はノウハウ（know-how）と呼ばれることがある。不正競争防止法で保護される営業秘密の例としては、ノウハウのほか、実験で得られたデータや顧客リストなどがある。

はない。BがAと何の契約も結んでいない以上、契約を根拠に、Aの情報を使用することを止めさせることはできない。

　そこで問題となるのが、営業秘密に関する不正競争防止法の規制である。同法上、「営業秘密」に該当する情報の保有者は、一定の場合に、その営業秘密を他人が使用することを禁止することができる。ある情報が営業秘密に該当するためには、①その情報が秘密として管理されていること、②その情報が有用な情報であること、および③その情報が公然と知られていないこと、が必要である（不正競争防止法2条6項）。もしAが上記のように厨房を立入り禁止にしたり、従業者に秘密保持義務を負わせているのであれば、①の要件は満たされるといえるし、製パン方法は有用なので②の要件も満たすだろう。あとは、Aの製パン方法が他人に知られうるような状態（第三者が偶然にAの製パン方法と同じ方法を開発して、一般に公開したような状態も含まれる）になっていなければ、この製パン方法は営業秘密であるといえることになる。

　そして、BがAの従業者が秘密保持義務に違反して情報を開示したことを知っているか、知らなかった場合でも重大な過失がある場合には、BによるAの製パン方法の使用行為は**不正競争**[3]（不正競争防止法2条1項8号）に当たることになり、AはBによるその方法の使用行為を止めさせる請求（差止請求。同法3条1項）や損害賠償請求（同法4条）をすることができる。

　(2) 発明の保護　上で述べたのは、Aが製パン方法を隠した場合の法的保護の話であるが、隠すこと以外にも、Aの製パン方法を保護する手段はある。それは、特許権を取得することである。特許権は、**発明（技術的なアイデア）**[4]に対して、特許法により与えられる権利である。特許を取得するためには、特許庁に特許出願をして、その発明が特許要件を満たしているかどうかの審査を経る必要がある。その審査をクリアして、特許庁に登録されると、特許権が発生する。

➡3　営業秘密に関するその他の不正競争
　営業秘密に関する不正競争としては、本文に挙げたもののほか、営業秘密を不正取得したり、取得した営業秘密を使用したり開示する行為（不正競争防止法2条1項4号）、不正取得が介在したことを知って（もしくは重大な過失によりこれを知らないで）営業秘密を取得や使用等する行為（同5号）などがある。

➡4　発　明（技術的なアイデア）
　特許法上、「発明」とは「自然法則を利用した技術的思想の創作のうち高度なもの」である（特許法2条1項）。このうち最も重要なのが「自然法則を利用していること」という要件である。たとえば、ゲームのルールのような人為的な法則は「自然法則」に当たらないとされている。また、永久機関のような自然法則にそもそも反するものも発明とはならない。

うらむ❷-2　パブリシティ権

　たとえばタレントの顔写真を無断で販売したり広告に使用したりするなど、著名人の氏名や肖像を無断でもっぱら商業的に利用する行為は、パブリシティ権と呼ばれる権利の侵害となる。パブリシティ権は、特許法や著作権法のような、知的財産の保護のために特別に制定されている法律ではなく、民法によって保護されている。パブリシティ権は、プライバシー権と同じく、民法上の不法行為（民法709条）についての判例によって認められている権利である。この権利は、これもプライバシー権と同じく、個人の人格を保護する権利のひとつと考えられており、判例もこのことを明確に述べている（最高裁平成24年2月2日判決）。

　他方で、物の影像や名称を利用する行為については、もっぱら著作権法や商標法などの他の知的財産法の問題になり、これらの知的財産法で保護されないのであれば、民法上の不法行為になることもない。かつては物の影像や名称等の情報（たとえばテレビCMで人気となった犬の影

像）についても「顧客の吸引力」（商業上の魅力）があれば、そのような情報もパブリシティ権の対象としてよいという考えがあったが（このようなパブリシティ権を「物のパブリシティ権」という）、最高裁はこのような考えを否定している（最高裁平成16年2月13日判決）。

　この事件では、ゲームソフト（プレーヤーがジョッキーになって競走馬に騎乗し、実際の競馬場を再現した画面においてレースを展開するという内容）に登場する競走馬に実在する馬の名称を使用したことが、馬主の「物のパブリシティ権」を侵害するかどうかが争われた。最高裁は馬主がそのような権利を有していることを認めなかったのであるが、その理由は要するに、かりにそのような権利の存在を認めてしまうと、物の名称の使用について商標法や不正競争防止法などの知的財産法がしている違法・適法の線引きが無意味になってしまいかねないから、というものである。

特許出願すると、その発明は公開されることになる。つまり、発明を公開しないと、特許権を得ることはできない。このことから、特許権は発明をすることやそれを公開することのインセンティブ（やる気を起こさせるもの）であるといわれている。なぜわざわざ法律でこのようなインセンティブを設ける必要があるのかというと、発明を公開してもらった方が、技術の進歩が起こりやすいと考えられているためである。他人が既にした発明が公開されていると、同じ発明をするために労力をかけることがなくなり、そのぶん新しい発明に労力を費やすことができるようになるからである。

特許要件の主要なものとしては、審査対象の発明が出願される時点で新規な発明であること（新規性）<small>➡5</small>、および、出願時点で新規でない発明から、当業者（その分野の平均的技術者）がその審査対象の発明を容易にすることができないこと（進歩性）が挙げられる。設例のケースで、かりにAの製パン方法が、Aが出願する時点で既に世界のどこかで公開されていたとすると、たとえAがそのことを知らずに偶然同じ発明をしてしまっていたのだとしても、新規性はないものとして扱われる。また、新規性があっても、Aの出願時点で既存の（新規性のない）製パン方法から、普通のパン職人であれば簡単に思いつくようなものであったとすると、Aの製パン方法は進歩性がないということになる。

特許権者は、特許発明を業として実施<small>➡6</small>することを独占できる（特許法68条）。かりにAの製パン方法が特許要件を満たしており、特許権が与えられているとすると、Bがそれと同じ方法を使用して製パンしたり、その結果できたパンを販売することは、Aの特許権の侵害となり、AはBに対して、製パン方法の使用や、それを使用してできたパンの販売の差止請求をすること（特許法100条1項）や、損害賠償請求をすること（民法709条）ができる。

BがAの製パン方法を知らず、偶然同じ発明をしたのだとしても、Aの出願時点で既にその発明を実施しているかその準備をしていたのでない限り、Bによる実施はAの特許権の侵害になる。不正競争防止法の営業秘密の保護の場合、保有者の営業秘密を知らずに、偶然同じ情報を生み出して利用した者は不正競争にならないので、この点では特許権の方が強力な権利であるといえる。その代わり、特許権には存続期間があり、出願後20年で消滅する（特許法67条。なお、特許権が発生するのは特許登録のときなので、権利の存続期間は出願から登録までにかかった期間を20年から引いた期間となる）。

3 店名表示の保護：マークに関する知的財産法

Aの店名の問題についても、商標法や不正競争防止法（の一部の規定）のような、営業上用いられるマークに関する知的財産法で保護される可能性がある。これらの法は、マークを使う事業者の業務上の信用を維持する目的のものであるので、マーク自体は奇抜である必要はなく、たとえば「NEC」のような既存の文字の組み合わせであっても保護される。他人が勝手に「NEC」のようなマークを使うと、NECの信用が害されるおそれがあり、市場が混乱するおそれもあるからである。

Aの店名が既に有名になっている場合、不正競争防止法の「商品等表示」に関する規定である、2条1項1号を活用できる。この規定は、他人の商品等表示（他人の営業や商品を示す表示）として、需要者の間に広く知られてい

➡5　新規性
特許法上、新規かどうかの判断は、全世界を対象に行われる。日本や外国のどこかで、文献に掲載されるなどして、秘密状態を脱している状態（守秘義務を負っていない人がその発明を知りうる状態）になっていると、その発明は新規性がないものとして扱われる（特許法29条1項）。したがって、特許出願するまでは、その発明を秘密にしておく必要がある。

➡6　業としての実施
「業（ぎょう）として」というのは、家庭内以外でという意味である。「実施」については特許法2条3項に規定があり、「物の発明」については、その物（たとえば「照明器具」という物の発明であれば、その照明器具）を製造や販売などすることが実施に当たり、「方法の発明」であれば、その方法を使用することが実施に当たる。また、Aの製パン方法のように、「物を生産する方法の発明」については、その方法の使用に加えて、その使用の結果できた物の製造や販売等も実施に当たる。

る表示を使用して、需要者（最終消費者や取引関係者）を混同させる行為を不正競争としている。Aの店舗の近所に、パン屋の名称としてそっくりな店名を使用することは、この規定に該当することとなる。その場合、Aは、Bに対し、Bの店名の使用の差止請求（不正競争防止法3条1項）や、損害賠償請求（同法4条）をすることができる。

　Aが、その店名を商標登録していれば、Bの行為は商標権侵害にも当たる可能性がある。商標権は、商標法に基づき、特許庁に出願して、審査をクリアした商標⁷に対して認められる権利で、登録時点で発生する。不正競争防止法の規制と異なり、Aが実際にその店名の使用を開始する前であっても、登録があれば商標権が発生する。つまり、商標法を使えば、自分が使う予定のマークを、いわば「予約」することができ、将来市場に混乱が生ずることを避けることができるのである。

　商標登録の出願の書類には、出願する商標を使用する予定の商品や役務（サービスのこと。「えきむ」と読む）を指定する必要がある。このように指定された商品（役務）を指定商品（役務）という。商標権はこの指定商品（役務）と同じか類似する商品（役務）に、登録商標と同じ商標かこれに類似する商標を使用することを禁止できる権利である（商標法25条、37条1号）。世間でよくある誤解として、「ある言葉について商標権を取得すると、その言葉を独占的に使える」というものがある。実際には、商標権が及ぶのは商品や役務についての使用であるので、それとは無関係な使用は商標権侵害にならないし、商品や役務についての使用であっても指定商品（役務）と類似のものでなければ侵害にならない。

　したがって、Aがその店名をたとえば「パンの提供」を指定役務にして商標権を取得していれば、その商標権に基づき、Bによる類似店名の使用の差止請求（商標法36条1項）や損害賠償請求（民法709条）をすることができる。

➡7　商　標
　商標法上、商標とは業務上商品や役務（サービスのこと。「えきむ」と読む）に使用されるマークのことで、文字や記号や色彩などからなる二次元のものだけでなく、立体的形状（カーネルサンダース人形やコカコーラのボトルの形状など）も含まれる。また、2014年の改正で、音についても「商標」になりうることが認められている。

・・

コラム❷-3　知的財産権はどれだけ長い期間保護される？

　知的財産権には、その保護がいつ終わるかについて法律で明確に定められているものが多い。その代表的なものは特許権であり、本文でも紹介したように、出願から20年を経過した時点で特許権はその効力を失う（特許法67条1項）。このほか、実用新案権は出願から10年で、意匠権は出願から25年で、保護期間が終了する。

　上記はいずれも知的創作の成果に対して与えられる権利である。本文に述べたように、情報を無料で利用できるメリットも大きいので、創作者を充分長い間保護した後には、一般公衆が無料で利用できるようになっているのである。ただし、知的創作に関して与えられる権利のなかでも、著作権については飛びぬけて長い保護期間が設けられている。すなわち、著作権は創作時に発生して、著作者の死後70年まで存続する（著作権法51条。ただし著作者が法人である場合などについては例外がある）。

　特許権のような産業上利用される創作に対して与えられる権利については、その創作の利用を独占することの弊害も大きいと考えられているため保護期間が短いのに対し、著作権については独占の弊害が少ない（たとえば、どうしてもドラえもんのイラストを使用する必要が客観的にあり、他のイラストでは替えられないというような状況は想像しがたい）からというのがその理由である。

　これに対し、商標権は保護期間の定め（登録から10年）はあるものの、これについては何度でも更新することができる。商標権はマークそれ自体に価値があるから与えられる権利ではなく、マークが表す事業者の信用保護のための権利であり、誰かのものとして使用されているマークを他人が使用することを認めても社会にとって有益でないばかりか、市場が混乱するのでむしろ有害であるためである。

3 情報通信はどのような法的仕組みで保障されるのだろうか

18歳からはじめる情報法

> 設例　Aは、友人たちと普通に電話をし、時には秘密の話もすることがある。本書❶で読んだ憲法の条文上、検閲の禁止と通信の秘密の保護について定められていた。ただ、そもそも情報の交換をするための通信がどのような法的仕組みで保障されているのか。憲法上の規定がどう具体化されているのかわからない。例外もあるかもしれないとも考えている。そこで、具体的な情報通信を支える法的仕組みとその課題、通信の秘密の例外としての通信傍受等について、調べてみることにした。

1　電気通信とは何か：郵便類と電気通信

まず、通信の秘密の保障を受けるサービスの種類について整理しておこう。憲法は、通信の秘密保障の対象として通信を挙げるが、基本的には郵便類と電気通信の各サービスが挙げられる。

（1）　郵便による信書の配送　郵便法、信書便法による伝統的な紙媒体による情報交換は、現在の情報社会においてもなお重要なものである。

郵便は、伝統的に国（現在は、国の持ち株会社である郵便株式会社）の独占事業とされてきているが、規制緩和や郵政民営化によって、様々な法制度の変遷を経てきた。インターネットが普及した現在でも、郵便は重要な通信手段であるし、また全国にあまねく均一の料金で提供される、国民生活上重要なサービスであるユニバーサル・サービスのひとつである。なかでも信書による通信は、伝統的に通信の秘密の保障を受ける通信手段である（郵便法7条、8条）。

（2）　電気通信ネットワークを利用する通信事業　近年は、郵便による通信に代わって、電気通信サービスを利用したFAXや、携帯電話による通話、インターネットによる電子メールの送受信、SNSを利用した通話やビデオ通話など、電気通信サービスの利用が爆発的に増加してきた。これらのサービスを支える基本的な法律として、電気通信事業法、有線電気通信法がある。電話やメールなどの電気通信サービスを利用する上でも通信の秘密の保障を受ける。本章では、日常生活における重要性から電気通信サービスを利用した通信を取り上げて、説明を進めていく。

なお、通信と一般に区別されるサービスとして放送サービスがある。一般に、通信は、一対一の双方向的な意思や情報の伝達をその内容としているが、放送の場合は、放送局から多数の視聴者へ向けた一対多の基本的に一方的な情報の伝達をその内容としている。この基本的な区別は、放送や通信のデジタル化によって一部相対化してきている面がある。たとえば、デジタル放送にあっては、視聴者からのレスポンスを番組に取り入れて一部双方向的

➡1　郵　便
信書その他の物件を送達するサービスを郵便という。現在、郵便事業株式会社（特殊会社）が独占し、これ以外の者が郵便の業務を業とし、又は他人の信書の送達を業とすることは禁止されている（郵便法4条）。憲法上、電気通信と同様に、何人も郵便の利用について差別されず、検閲は禁止され、また、信書の秘密が保障されている。

➡2　信　書
信書とは、特定の人から人に対し意思の伝達を媒介する文書一般を指す。

➡3　信書便法
「民間事業者による信書の送達に関する法律」（平成14年法律第99号）。民間事業者による信書便の取り扱いについて、様々な規制の下に許可制を導入して行わせる法律である。現在は、要件の緩い特定信書便業者のみが増加している。

➡4　ユニバーサル・サービス
国土にあまねく低廉な価格で提供される市民生活に不可欠な最低限のサービス（役務）のことをいう。具体的なサービスとしては、郵便、電話などの電気通信サービス、電気、水道などのサービスが含まれる。

➡5　電気通信
電気通信事業法によれば、「有線、無線その他の電磁的方式により、符号、音響又は影像を送り、伝え、又は受けること」（電気通信事業法2条1項1号）と定義されている。情報の送受信に着目して情報通信と呼ばれる用語も用いられる。

➡6　SNS
本書❶➡1（2頁）参照。

な放送が実現されてきているし、通信の側では、インターネット上のウェブを利用した通信のように一対一の通信を大量に繰り返すことにより、擬似的に一対多の放送類似の情報の流通、すなわち公然たる情報通信が実現してきていることによる。こうしたことから、国によっては、通信と放送の区別を相対化する法制度もみられるところであるが、わが国では、基本的に通信と放送の基本的区別は法制度上維持されてきている。

放送と通信の区別は、一般的には上記の通りであるが、サイバースペースでは、ウェブやSNSを通じていわゆる「公然たる通信」によるマスコミ類似の通信が普通にみられる。秘密が保障された通信を利用しながら不特定多数の者に一定の内容を伝達する点で、その性格上、不特定多数に向けられている通信部分について通信の秘密の確保がそのままでは妥当しない複雑な状況を生み出している。

2　電気通信事業をめぐる法制度

電気通信事業は、電気通信事業法のなかで定義され、一定の保護と規制を受けている。

電気通信事業法によれば、電気通信とは、「有線、無線その他の電磁的方式により、符号、音響又は影像を送り、伝え、又は受けること」（電気通信事業法2条1項1号）をいい、「電気通信設備を用いて他人の通信を媒介し、その他電気通信設備を他人の通信の用に供する」（同3号）電気通信役務を「他人の需要に応ずるために提供する事業（筆者略）」を営むことについて、同法上必要な登録または届出をした者が、電気通信事業者として同法の保護と規制の対象とされている。

もともと電気通信事業は、80年代半ばの日本電信電話公社の民営化の改革までは、国または旧日本電信電話公社により独占するものとされてきたが、85年の民営化の改革後は、新たな事業者（New Common Careers）の参入

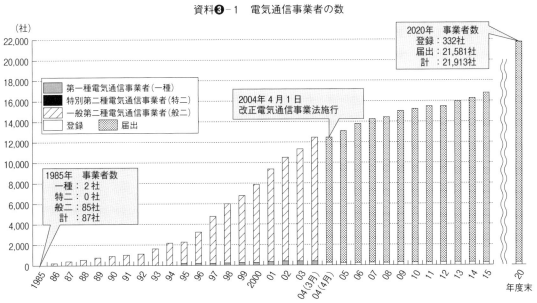

資料❸-1　電気通信事業者の数

注：各年の4月1日時点の数値（2004年は3月1日と4月1日）
出所：『平成27年版情報通信白書』、『令和3年版情報通信白書』

や規制緩和の推進、民営化された日本電信電話株式会社の分割により、きわめて多数の事業者が参入し熾烈な競争を繰り広げている市場が形成されてきている。電気通信事業者の現状は、**資料❸-1**の通りである。自ら電気通信設備を有する事業者だけでなく通信設備を有せず他社の通信設備を利用して事業を展開する事業者も含めてきわめて多数の事業者が入り乱れつつ、複層的に事業展開が行われている現状にある。たとえば、最も基礎的な電気通信事業者が提供する光通信サービスを利用して、光電話事業が展開され、またデータ通信サービスを通じてインターネット接続が可能となると、その先にメールサービス事業者やその他のWebサービス事業者、SNS事業者が事業展開を行う（事業者が違えば契約も別々に締結されることになる）、などといったように複数の事業者がそれぞれにサービスを提供しながら、メールやSNSの利用が可能になるといった具合である。

　規制緩和を基調としてきた電気通信事業法によれば、現在、電気通信事業者たらんとする者は、同法9条により一定規模以上の大規模な通信設備を有する事業者は、総務大臣の登録を、それ以外の事業者は、総務大臣に届出をしなければならないとされている（同法16条）。許可制よりも緩い参入規制がなされている。そして法が定める一定の基礎的な電気通信役務については、契約約款を定めそれについての総務大臣のコントロール（届出と変更命令権）が予定されている（同法20条、21条）。また、事業者は、電気通信役務の提供について、不当な差別的取扱いをしてはならない（同法6条）。さらに、一定の基礎的な電気通信役務については、事業者は、正当な理由がなければ役務の提供を拒んではならないという提供義務が課されている（同法25条）。これは、通信サービスの公共性、市民生活に対する重要性に鑑みて法が定める重要な規定である。後述のように、電気通信事業法は、このサービス提供義務に加えて、市民生活に不可欠な基礎的な電気通信役務を国土にあまねく提供し保障する法的仕組みを作り上げているが、一方では、通信事業が公共性を有するものであることに鑑みて、一般の事業ではみられないような、前記のような監督に服し、様々な規制を受けながら、他方で他の一般の民間事業者と異なり、送信設備や回線等を敷設するために他人の土地の使用ができるなどの権利を保障してもいる（同法117条以下）。また、通信のなかには、災害時の警察や消防など公的機関の通信のように、公共性が高く優先的に取り扱うべき通信もあることを前提として、重要通信の優先的取り扱いについても明確に法が授権している（同法8条）。

3　通信の秘密の保障とその例外

　電気通信事業法は、その冒頭で、憲法の規定を受けそれを同法上具体化する検閲の禁止および秘密の保護についての規定を置き、その重要性を改めて定めている（同法3条、4条）。3条の検閲の禁止、および4条1項の通信の秘密保護に関する規定は、前述した憲法の規定とほぼ同一の規定であるが、4条2項は、通信の秘密を保護するために、「電気通信事業に従事する者は、在職中電気通信事業者の取扱中に係る通信に関して知り得た他人の秘密を守らなければならない。その職を退いた後においても、同様とする。」と定めて、通信の秘密を知りうる業務の従事者の点から通信の秘密を保護することを義務付けている。さらに、通信の秘密保護の担保のために、通信の秘

密を侵した者については、罰則（同法179条。2年以下の拘禁刑または100万円以下の罰金等）の規定も置かれている。こうした規定に、通信の秘密保護の重要性が現れている。また法は、通信の秘密に関し問題がある事業者に対しては、業務改善命令などの監督処分も行うことができ（同法29条1項1号）、通信の秘密を確保するための法制度が整備されていることを見て取ることができる。

　このように、憲法および電気通信事業法上は、留保や例外なしに通信の秘密を保障している。しかし最高裁は、例外的に、犯罪捜査目的での通信傍受について、**検証令状**[7]によって許される場合があるとした（最高裁平成11年12月16日決定 最高裁判所刑事判例集53巻9号1327頁）。さらに現在では、組織犯罪対策などを中心に重大な犯罪について、通信の傍受が有効な操作手段であることとされ、憲法改正を行うことなく、法律の改正により合法的な通信傍受が認められている。

　1999（平成11）年の刑事訴訟法改正および通信傍受法（「犯罪捜査のための通信傍受に関する法律」）の制定により、捜査官が当事者いずれの同意も得ないで行う傍受は、独自の強制処分として、通信傍受法の定める一定の要件の下に法律上許容されている（刑事訴訟法222条の2、通信傍受法1条以下）。通信傍受法により、通信傍受が可能な場合を限定的に認め、通信傍受を行う際には裁判官による**傍受令状**[8]に基づいて行わねばならないほか、管理者の立会いや通信の当事者に対する事後的な通知、さらに不服申立ての手続も法定されている。通信傍受法では、傍受される通信とは、「電話その他の電気通信であって、その伝送路の全部若しくは一部が有線……であるもの又はその伝送路に交換設備があるもの」と定められ、これらが傍受の対象となる。この通信には、電子メールやFAXなども含まれる。さらに、傍受される通信の内容は犯罪の種類から限定されている。具体的な傍受対象とされる犯罪類型は、通信傍受法3条および同法別表により限定されているが、数人の共謀によって

➡7　検証令状

捜査機関が強制処分として検証を行うことを認める裁判官の令状（刑事訴訟法218条）。捜査機関に検証を許可する許可状としての性質をもつものである。ここでの検証は、捜査機関が五感により、通話内容を探知し記録することをいう。

➡8　傍受令状

通信傍受の処分を許可するための裁判官による令状（許可状）であり、10日以内（延長時最大30日）の通信傍受（現に行われている他人間の通信について、その内容を探知するため、その通信の当事者のいずれの同意も得ないでこれを受けること）を許可するためのもの。

こらむ❸-1　ユニバーサル・サービスの内容

　本文でふれたユニバーサル・サービスとしての基礎的通信役務の具体的な内容は、電気通信事業法上は、総務省令（総務大臣が定める施行規則）で定められることになっている（電気通信事業法7条）。現在、総務省令たる電気通信事業法施行規則14条で定められているその内容は、アナログ固定回線を利用した加入電話（音声通話に限定）または加入電話に相当する光IP電話、第一種公衆電話（総務省の基準に基づき設置される公衆電話）、緊急通報（110番、118番、119番）であり、インターネット利用などのデジタル通信はユニバーサル・サービスの内容とはされていない。この点は、インターネットによる重要な情報伝達が常態化している現在においては、保障内容としてはあまりに限定的なものとみることもできよう。生活に不可欠な情報や緊急地震速報等がインターネットにより配信される現状を前提とすれば、その範囲を拡大することも考えられてよいだろう。

　たとえば、欧州連合では、2002年の電気通信ユニバーサル・サービス指令（Directive 2002/22/EC）で、固定回線でのアクセスの提供（地域、国内、国際それぞれの電話、ファックス通信、およびインターネットへのアクセスを許容するに十分な通信速度でのデータ通信。4条）、加入者ダイレクトリ（加入者電話番号簿）、番号案内サービス（5条）、公衆電話（合理的なニーズに適合するように、地理的に普く、一定数の電話およびサービスの質をもって。6条）を具体的なサービスとして定めている。ここでは、特に、固定回線の提供においても、音声通話のみならず、インターネットの利用が可能な速度でのデジタル通信サービスまで含まれているところに、注目しておくべきであろう。

　こらむ❶-2で述べたような観点からも、インターネットや電子メール等のサービスが必要不可欠な状況に鑑みて、データ通信を早急にユニバーサル・サービスの範囲に含めるべきではないだろうか。社会や技術の進展にともなって、ユニバーサル・サービスの範囲も拡大される必要があるのである。

実行される、組織的な殺人、身の代金目的略取、違法な銃砲等の製造や譲渡などの銃器犯罪、覚醒剤取引などの薬物犯罪などが傍受対象の犯罪とされている。既遂または実行中の犯罪だけではなく、実行以前の犯罪を捜査する目的での傍受も許容される場合がある（通信傍受法3条）。通信傍受の手続的な要件として、裁判官が発した傍受令状が必要である。なお傍受の際に、令状に記載されたもの以外の一定の重大な犯罪の実行に関する通信を発見したときは、それについても傍受が認められている（同法14条）。

このように、法の認める限定的な場合に令状主義による手続的な限定を伴ったものではありながら、通信傍受が認められて実施されてきている。またさらに、通信後の通信の秘密の暴露に関しては、本書❼で扱う、いわゆるプロバイダ責任制限法に基づく発信者情報の事業者による開示の手続も、ここで挙げてよい通信の秘密保障の例外に関する法制度となっている。

4　ユニバーサル・サービスの保障の法的仕組み

通信市場で、規制が緩和され自由な競争が促進されれば、採算が合わずコストのかかる地域でのサービスが切り捨てられたり低下したりすることがある。とりわけ、地方の中山間地など過疎地においては、事業者の収益が上がりにくいことから、競争にゆだねるのみでは、市民生活に不可欠な電話等の電気通信サービスが縮小され停止されかねない事情がある。

そこで、電気通信事業法は、「国民生活に不可欠であるためあまねく日本全国における提供が確保されるべきもの」のなかで一定の電気通信サービスを総務省令で定めて、当該サービスについては、それを提供する事業者（実際には、NTT東日本および同西日本）に、「適切、公平かつ安定的な提供」の努力義務を課している（電気通信事業法7条）。住所の如何にかかわらず、全国にあまねく提供されるべきこの必要最低限のサービスを、ユニバーサル・サービスと呼んでいるが、基礎的電気通信役務は、ユニバーサル・サービスの電気通信版といってもよい必要不可欠なサービスである（うちム❸-1参照）。同法は、この基礎的電気通信役務を提供する事業者に努力義務を課すのみならず、さらには、それを経済的に支えるための法的仕組みを定めている。

そこでは、基礎的電気通信役務を営む一定の事業者を「適格電気通信事業者」として指定し、指定を受けた事業者が、採算の上がらない同役務の提供のために必要な経費上の負担をその他の電気通信事業者に科した「負担金」により支援することにより、同役務の提供が経済的に支えられる仕組みがとられている（電気通信事業法106条以下）。法的には、その他の事業者により負担される「負担金」の納付を一定の要件を満たす事業者に義務付けることにより、その原資により適格電気通信事業者の不採算役務の負担を経済的に補填する仕組みをとっている。現実には、要件を満たし負担金納付の義務を負う事業者の顧客であるユーザに対して割り当てられる電話番号1件当たり数円（2022（令和4）年では2円）の料金負担を求めることにより、広く薄く電気通信ユーザが共同で負担する実質をとりながら、上記の負担金と交付金による、ユニバーサル・サービス実現の仕組みが実現している。

5　電気通信サービスをめぐる契約とその課題

電気通信事業の市場には、電信電話公社の独占から80年代半ばに民営化

と規制緩和がされてきわめて多くの事業者が参入してきた。その結果、電気通信市場では熾烈な競争が行われている。そのなかで、消費者たる利用者にとって重要な法的な問題もいろいろ生じている。電気通信サービスの利用は、法的には、事業者と顧客との間で利用契約の締結がなされて開始される。それぞれの事業者は、あらかじめ様々なサービスの利用形態にみあった契約条件や特約を用意して、顧客がその契約条件等を承諾して契約を締結するか否かを決定する自由しかない、いわゆる附合契約の形態で利用開始がなされることになる。電気通信市場は前述のように競争が熾烈化し、多様な利用条件や特約が用意されてめまぐるしい変化がみられる市場となっているが、法的には、消費者保護的な規制が厳しく行われているわけではないという特徴も、契約条件の複雑化に拍車をかけているといえよう。

そうしたなかで、特に、わが国の電気通信役務をめぐる契約のなかでは、携帯電話の端末と電気通信役務の提供とを抱き合わせて、端末料金の実質的なかなりの値引きを行う、いわゆる抱き合わせ販売が一般的になっており（コラム❸-2参照）、特定の端末の利用によってサービスの利用を増加させ、あるいは固定化させ、端末とサービスを切り離した自由な選択が制限されていること、様々な値引き等や特典が高額の違約金と組み合わされ、いざというときに高額の違約金が請求される事態が生じること、または違約金により契約解除が不当に制限されること、複雑なオプションサービスにより、契約の具体的な内容が俯瞰的に顧客に理解されにくいことなどの法的な課題が多く存在しているといわれている。

このような状況のなかでは、消費者保護的な観点からの規制の最適化をさらに検討するとともに、ユーザの側も、上記の様々な課題に対応する必要がある。ユーザが十分な説明を受けた上でしっかりと理解し納得した後に契約を締結することも、まずは肝要な点である。こうした契約の基本に立ち返ってサービスの利用をすることを心がけたいものである。

・・・

コラム❸-2　アンバンドル化

わが国では、携帯電話の契約数が固定電話の契約数を超えて伸びてきている。その携帯電話契約の世界で検討されてきたのが、携帯端末と回線契約を切り離して契約する、いわゆるアンバンドル化の改革である。わが国の携帯電話契約の上では、ごく少数の例外を除いて、一般的には、携帯端末を電気通信事業者が販売してその携帯端末とともにそれで利用できる電気通信サービスの契約を締結するという抱き合わせの販売形式をとってきている。また、その際に、電気通信サービスの料金を値引きするなかで、当該セットされた携帯端末の料金を値引き販売することが多くなされてきた。この端末とサービス契約の抱き合わせ販売の形態によって、ユーザの選択の余地が制限されてきているというのが総務省等で検討されてきたアンバンドル化の改革の基礎となっている考え方である。

アンバンドル化がなされれば、ユーザは、自ら選択した携帯端末を利用して、電気通信サービス自体は、それぞれのニーズにあわせて選択することが可能になる。事業者の競争も促進される。具体的には、携帯電話に差し込んでユーザ番号識別のために利用されるSIMカード（Subscriber Identity Module：加入者識別モジュール）を差し替えて複数の端末を利用したり、一台の端末で複数の電気通信事業者のサービスを利用したりすることが可能になる。一般的には、こうしたSIMを交換しながらの利用は実現しているわけではない。

しかし、最近では、MVNO（Mobile Virtual Network Operator：仮想移動体通信事業者。無線通信回線設備を自ら開設・運用せずに、携帯電話やデータ通信などの移動体通信サービスを提供する事業者）が、安い料金で多様なサービスを提供するのに、格安SIMが利用される例が増え、利用者も増加してきている。この場合は、SIMロックがかかっていない端末に格安SIMを差し替えて、サービスを利用する形態を前提とした利用形態がとられるのである。

サイバースペースにおける表現規制は どのようにされているのだろうか

設例 Aは、ネットサーフィンを楽しんでいるうちに、偶然、外国のポルノサイトにたどり着いた。そこにはAが今までに見たこともないような、無修正のポルノ画像がアップロードされていた。Aは、そのいくつかをダウンロードし、それらをおもしろ半分に、国内のネット掲示板にアップロードした。

1 わいせつとは何か

(1) **本格的議論は戦後から始まる** 「わいせつ」について取り締まる刑法175条は、1880（明治13）年に制定された旧刑法259条の条文をほぼそのまま受け継いで、1907（明治40）年に創られた条文である。本条は2011（平成23）年に一部改正されてわいせつ〈物〉からわいせつ〈情報〉にまでその射程範囲が拡張されたものの、刑法175条は基本的に100年以上にわたってわいせつを取り締まっている。ただし、戦前は、検閲制度があり性的に問題ある表現に対して「発禁処分」がなされていたため、戦前の大審院時代は、わいせつ文書を取り締まる刑法175条は、それほど重要な規定ではなく、わいせつとは何かが正面から大きな議論になることもなかった。

戦後になってこの「発禁処分」がなくなり、性的な情報を規制する条文として刑法175条の重要性が増し、1947（昭和22）年に、従来は罰金刑だけであった刑法175条の法定刑に新たに懲役刑（2年以下）が追加され、罰金も増額されたのだった（2022年6月に刑法一部改正法が成立し、現行の懲役と禁錮の区別が廃止され、『拘禁刑』に一本化されることになった。施行は2025年までの予定）。検閲制度が廃止されて事後規制とせざるをえなくなり、営利目的で行われる同罪の増加、さらに戦後の混乱で性風俗が乱れるのをおそれて重罰化されたのであった。

刑法175条に関する戦後最初の最高裁判決は、ある新聞記事について、それが「徒らに性欲を興奮又は刺戟せしめ且つ普通人の正常な性的差恥心を害し善良な性的道義観念に反するものと認められる」との理由づけで、わいせつ文書販売罪の成立を肯定した「**サンデー娯楽事件**判決」（最高裁昭和26年5月10日判決 最高裁判所刑事判例集（以下、刑集）5巻6号1026頁）である。ここで初めて①性欲の興奮または刺激、②性的差恥心の侵害、③善良な性的道義観念への違反の3点を要件とするわいせつ概念が打ち出された。この定義は、基本的に大審院時代のそれを踏襲しているが、「善良な性的道義観念への違反」が追加されていて、戦後の動きに対応するのであった。そして、この定義はその後の最高裁に受け継がれており、戦後の最高裁判例は、わいせつ判断の具体的な判断基準・方法をめぐって展開されることになる。

➡ 1 **サンデー娯楽事件**
俗に「カストリ雑誌」と呼ばれた粗悪な娯楽雑誌である「サンデー娯楽」のわいせつ性が問題となった事件。終戦直後、〈カストリ焼酎〉と呼ばれた粗悪な密造酒が飲まれたが、3合も飲めば酔いつぶれるほどの強い酒であったことから、「3号で廃刊になる」という意味で〈カストリ雑誌〉と呼ばれたという説がある。本件で、最高裁昭和26年5月10日判決 刑集5巻6号1026頁は、わいせつとは、①徒らに性欲を興奮又は刺激せしめ、且つ、②普通人の正常な性的差恥心を害し、③善良な性的道義観念に反するものと定義した。（有罪）

(2) 文芸作品とわいせつ　　文芸作品のわいせつ性が問われた裁判として有名なのが、「チャタレー事件」である。裁判では、D.H. ロレンスの文学作品である『チャタレー夫人の恋人』[*2] の翻訳書がわいせつ文書に当たるかどうかが争われたが、最高裁昭和32年3月13日判決 刑集11巻3号997頁は、上記のわいせつ3要件を前提に、わいせつとは、あくまでも法的価値判断であって、文書の芸術的、思想的、科学的等の価値とわいせつ性とは次元を異にし、前者が後者に影響を与えるものではないとした。そして、わいせつかどうかは社会通念によって判断されるが、「性行為非公然の原則」が「超ゆべからざる限界」であり、作品の一部でもわいせつな表現があれば、いかに高度の芸術性を有する作品であってもわいせつ性を失わないとして、表現の自由に対してかなり厳しい態度を取ったのだった。

　この判決の10年後には『黒い雪事件』[*3] のわいせつ性が争われ、第1審、第2審ともに無罪判決を下すが、マルキ・ド・サドによる『悪徳の栄え』[*4] の翻訳書のわいせつ性が争われた事件では、第1審は、本書では残忍醜悪な表現と一体になって性的な表現がなされているのであり、（一般人の）性欲を興奮または刺激するものではなく、むしろ萎縮させるものであるとし、無罪を言い渡したのに対して、控訴審および最高裁はわいせつ性を認定した。ただし、最高裁昭和44年10月15日判決 刑集23巻10号1239頁は、わいせつ性は文書全体との関連において判断すべきであること、また文書の芸術性・思想性など肯定的価値が文書のわいせつ性を低減・緩和させる場合があることなどを認めた点で、「チャタレー事件判決」の方向性を修正したものとして重要なものといえる。ただし、その判断の具体的な方法は明らかにされていなかった。

　この判決の11年後、わいせつ性の判断基準は、「四畳半襖（ふすま）の下張事件」[*5] において具体的に示された。これは、永井荷風作と伝えられている短編小説で、全体の約3分の2が男女の性交場面等の描写を内容とするもの

●▶2　チャタレイ夫人の恋人事件
　英文学界に有名な D.H. ロレンス著作である『チャタレイ夫人の恋人』の翻訳著作物について、翻訳者（伊藤整）と出版者が起訴された事件。最高裁昭和32年3月13日判決 刑集11巻3号997頁は、①芸術性のあるものであっても、その中にわいせつな表現があればわいせつ文書となり（部分的考察方法）、②わいせつの判断基準は、「社会通念」であり、その内容的判断は、裁判官に委ねられており、③人間の社会には、超えることのできない最低限の性道徳として「性行為非公然の原則」があり、刑法もこれを保護すべきである、とした。（有罪）

●▶3　黒い雪事件
　映倫管理委員会の審査を通過した劇映画「黒い雪」が、有料試写会形式で一般公開・上映されたことに対し、同映画がわいせつであるとして監督らが起訴された事件。第1審は無罪とし、控訴審である東京高裁昭和44年9月17日判決 高等裁判所刑事判例集（以下、高刑集）22巻4号595頁も、映倫の審査をパスしたものについて、その上映公開が社会的に是認され、刑事上の処罰を受けることがない許された行為と信じたことについて相当の理由があり、故意は認められないとした。（無罪）

こらむ❹-1　春画とわいせつ

　2015年に日本で初めて「春画展」が開催され、会場には多くの女性も訪れ、大きな話題になった。

　平安時代頃から描かれていたといわれている春画であるが、江戸時代には、「春画は風俗を乱す」という理由で禁止された。しかし、禁止にもかかわらず、春画は、たとえば嫁入りの贈答品として扱われたり、新年の祝い物として配られたりしていた。だから、庶民生活では必ずしも春画が性的な不快感や嫌悪感をもよおすようなものとしては扱われてはいなかったことがうかがえる。

　しかし、明治になり、西洋文明の波が押し寄せるなかで、春画は卑しめられていく。〈美術〉という言葉が作られたのは1873（明治6）年であるが、その頃から明確に春画は〈美術〉の範疇から除かれていく。これは、春画を美術から除外することによって、西洋絵画の主要なテーマのひとつである〈裸体〉からわいせつの要素を取り除くことが目的であった。つまり、〈裸体画〉に芸術的価値を付与するために春画のわいせつ性が強調され、

春画はいわば西洋美術を広めるためのスケープゴートにされていったのではないかと思われるのである。春画は卑しいものとされ、結果的に膨大な数の春画がヨーロッパに流出していったのだった。

　刑法典に「猥褻」（わいせつ）という文字が初めて登場するのは、1880（明治13）年の旧刑法であるが、明治中頃までには春画がわいせつの範疇に組み込まれ、明治30年代頃には明確に春画をわいせつとする認識が広まったと思われる。

　以来、春画はわいせつ図画として取り締まりの対象とされてきたのであるが、1990年前後から無修整の画集などが発売され、事実上「解禁」されてきたのであった。

　しかし、日本初の春画展の成功を受けて、複数の週刊誌が春画を掲載したところ、警察からの〈警告〉が出され、いまだに完全に許容されたものではないことも知らされたのであった。

フランスの作家マルキ・ド・サドの著作『ジュリエット物語あるいは悪徳の栄え』の翻訳著作物『悪徳の栄え（続）──ジュリエットの遍歴』について、翻訳者と出版者が起訴された事件。最高裁昭和44年10月15日判決 刑集23巻10号1239頁は、芸術性とわいせつ性は両立しうるが、文書がもつ芸術性・思想性が性的刺激を減少・緩和させて、わいせつ性を解消させる場合はあり、また、わいせつ性は文書全体との関連から判断しなければならない（全体的考察方法）とした。（有罪）

永井荷風作といわれる擬古文風の文語体で書かれた戯作調の短編「四畳半襖の下張」を雑誌『面白半分』に掲載した件で、同誌編集長と出版者が起訴された事件。最高裁昭和55年11月28日判決 刑集34巻6号433頁は、文書のわいせつ性は、性的描写の程度や手法、文書全体に占める比重、文書に表現された思想等との関連性、芸術性・思想性等による性的刺激の緩和の程度、および文書を全体としてみたときに、主として読者の好色的興味に訴えるものかなどを総合的に判断すべきである。（有罪）

だったが、出版社社長と編集に携わっていた人気作家がこれを月刊誌に掲載し、販売したところ、刑法175条のわいせつ文書販売罪（現行刑法における「有償頒布罪」）に該当するとして起訴された事件である。最高裁昭和55年11月28日判決 刑集34巻6号433頁は、文書のわいせつ性の判断にあたっては、当該文書の性に関する露骨で詳細な表現の程度とその手法、その表現が文書全体に占める比重、文書に表現された思想等とその表現との関連性、文書の構成や展開、さらには芸術性・思想性等による性的刺激の緩和の程度、これらの観点から当該文書を全体としてみたときに、主として読者の好色的興味に訴えるものと認められるか否かなどの諸点を総合的に検討すべきであるとして、被告人らを有罪とした。

(3)　**変化するわいせつ**　わいせつの概念は、時代と社会によって変化する相対的なものである。ある時代にはわいせつ性があると判断された作品も、時代が変われば芸術性や思想性などの価値が、わいせつ性によって侵害される保護法益よりも大きいと判断されることはよくあることで、実際、無修正の『チャタレイ夫人の恋人』も『四畳半襖の下張』も、現在では紙の書籍や電子書籍として合法的に入手可能となっている。このような移ろいやすい抽象的なモノを刑罰で絶対的に保護しようとすることは、社会で最も強力な制裁である刑罰の使い方として妥当かどうかは問題だと思われる。

社会には性器部分等にモザイク処理を施したDVDや写真集が多数出回っている。最高裁は、その修正の範囲が狭く不十分で、現実の性交等の状況を詳細、露骨かつ具体的に伝える写真を随所に多数含み、物語性や芸術性・思想性など性的刺激を緩和させる要素がまったく見当らず、全体として、もっぱら見る者の好色的興味にうったえると認められる場合には、わいせつであるとしている（最高裁昭和58年3月8日判決 刑集37巻2号15頁）。また、問題となった作品と同程度の他の作品が、一定期間検挙されずに、社会に多数出回っているような事情があったとしても、そのことからわいせつ性が否定されたり、提供側の犯意が否定されたりする理由にはならないともしている（東京高裁昭和54年6月27日判決 判例タイムズ397号164頁）。しかし、取り締まる側の裁量の余地が大きいものを犯罪として残すことにも問題はある。

1970年代に刑法の脱道徳化（道徳や美風を守ることは刑法の主たる任務ではないという思想）が強く主張されたことがあったが、18歳未満の者に対するいわゆる「有害図書規制」（書店やレンタルビデオ店などで、性的に過激な図書やDVDなどを「区分陳列」したりすることによって、未成年者がそのような情報に接することを防ぐ制度）がほとんどの地域で機能している原状を踏まえ、情報環境がインターネットによって劇的に変化している現代社会で、旧来通りのわいせつ概念を維持し、適用することについて再検討すべき時期に来ているように思う。

2　サイバーポルノとは何か（平成23年度の刑法一部改正）

刑法175条は、2011（平成23）年に大きな改正を経験している。その背景には、インターネットという新しいメディア（情報媒体）の大流行がある。サイバースペースに流れるわいせつ情報は〈サイバーポルノ〉と呼ばれているが、わいせつがインターネットという新しいメディアに進出し、誰でも簡単に海外のサイバーポルノにアクセスできることから、大きな社会問題と

なった。しかし、実はこのメディアとわいせつの関係は、刑法の古典的問題でもあるのだ。

　日本で最初の映画上映が1896（明治29）年だから、1907（明治40）年の現行刑法典制定時には、映画は既に存在していた。しかし、条文に「映画」という言葉が書かれていないことから、大正時代にわいせつな映画の上映が「わいせつ図画（物）」の「陳列」に当たるか否かが争われたことがある。弁護人は、「わいせつ図画」とは、わいせつな写真のように、何かの物体上にわいせつな情報が固定化された物体（有体物）だが、スクリーンの映像は光線による幻影でありわいせつな物体ではないと主張した。しかし、この主張は通らず、大審院は次のように判断した。スクリーン上のわいせつな映像は幻影にすぎず、わいせつなフィルムが「わいせつ物（図画）」であり、上映はそれを認識させる手段だから「陳列」である（大審院大正15年6月19日判決刑集5巻267頁）。

　ホームページにわいせつ画像データをアップロードすることが処罰されるのも実はこれと同じ論理なのである。つまり、最高裁は、ユーザ個人のパソコンのディスプレイに表示されたわいせつ画像ではなく、わいせつ画像データが記録された（プロバイダの）サーバ・コンピュータが「わいせつ物（図画）」であり、回線を通してわいせつ画像を「見せる」ことが「陳列」であると解しているのである（なお、刑法175条の新しい規定においても、陳列の対象が有体物であることは変わらない）。

　しかし、このような処罰の論理は、以下のような事案が現れて破綻した。

　すなわち、被告人がサーバ・コンピュータ上に開設したホームページに児童ポルノ画像を蔵置し、被告人においてそのアドレスおよびパスワードを顧客に送信し、顧客の自宅に設置されたパソコン内のハードディスク等に顧客をしてダウンロードさせる方法で児童ポルノである画像データを送信して販売したという事件で、大阪高裁によって、「『児童ポルノ』とは、……文理

こらむ④-2　性器表現に不快感を示す人々

　露骨な性表現、あるいは性器の俗称を声にしたり、文字に書いたりすることのどこが、なぜ問題なのだろうか。

　露骨な性表現が多くの人々に不快感を与え、見たくもない人が性器の描写を見せられたりすることや、性器の俗称を聞かされたり、読まされたりすることは、人によってはその人の羞恥心や自尊心を大いに傷つける場合のあることは間違いない。しかし、わいせつ裁判では、そのような個人の感情的被害が問題になっているのではない。もしもそうならば、逆に見たい人に見せるのはかまわないということになる。そうではなくて、裁判所は、およそ日本のこの社会において、性器や性行為の露骨で直接的な表現、あるいはそのような表現物が流通しているということじたいを問題としているのである。つまり、自らは直接接することがなくとも、そのようなものが〈この社会に存在していること〉について、不快感や嫌悪感をもつ人々の仮想的な感情が問題になっているのである。

　2014年の夏、著名な写真家である鷹野隆大氏が作品の一部に男性器が写り込んでいる写真を美術館に展示したところ、警察から突然、作品の撤去か展示室の閉鎖を求められるということがあった。作者と協議した美術館は、作品の撤去には応じないこととし、写真に写った男性器の部分を白い布で覆って見えなくすることで展示を継続した。

　実は、1901（明治34）年、当時すでに洋画家として有名であった黒田清輝が、ある展覧会に出品した「裸体婦人像」がわいせつだとの警察の警告で描かれた女性の下半身を布で覆ったという事件があった。これは「腰巻事件」と呼ばれたが、鷹野氏の事件は「平成の腰巻事件」と呼ばれている。しかし、その後、鷹野氏の問題の写真が無修整で、ある芸術雑誌に掲載されたところ、警察は何も問題にしなかったのであった。

　同じ表現物が場所によって異なった評価を受ける。わいせつ問題の不可思議さのひとつの例である。

解釈上、……視覚により認識することができる方法により描写した情報が化体された有体物をいうものと解すべきであるところ、……画像データは……電磁的記録でありこのような電磁的記録そのものは有体物に当たらない」、「児童ポルノ販売、頒布罪における販売ないし頒布は、不特定又は多数の人に対する有償の所有権の移転を伴う譲渡行為ないしそれ以外の方法による交付行為をいうものであるところ」電磁的記録そのものの占有支配が移転したとみる余地もなく「児童ポルノの販売に該当する事実もない」との判決がなされたのであった（大阪高裁平成15年9月18日判決 高刑集56巻3号1頁）。つまり、「児童ポルノ」は有体物であり、画像データなどの情報はこれに当たらないとしたのだった（この判決などがきっかけとなり、2004年に児童ポルノ禁止法の改正が実現し、電磁的記録としての児童ポルノを電気通信回線を通じて提供する行為が明確に処罰されることになった）。

さらに、わいせつな動画ファイルを有料で配信するためにサーバにアップロードしていたという事案で、当時の販売目的でのわいせつ物所持を処罰する刑法175条に関して、「『販売目的』の対象となる『わいせつな文書、図画その他の物』（刑法175条前段）とは有体物であって、単なる電子データそのものや『電磁的記録その他の記録』……はこれに含まれない」とする判決も出された（札幌高裁平成21年6月16日判決 高裁速報平成21年号317頁）。裁判所がサイバーポルノに刑法の限界を認めた瞬間であった。

以上のような事情が2011（平成23）年の刑法175条の改正を促し、刑法175条は次のような条文に改正されたのであった。

（わいせつ物頒布等）

第175条 わいせつな文書、図画、電磁的記録に係る記録媒体その他の物を頒布し、又は公然と陳列した者は、2年以下の懲役若しくは250万円以下の罰金若しくは科料に処し、又は懲役及び罰金を併科する。電気通信の送信によりわいせつな電磁的記録その他の記録を頒布した者も、同様とする。

2 有償で頒布する目的で、前項の物を所持し、又は同項の電磁的記録を保管した者も、同項と同様とする。

＊2022年6月の刑法改正により、2025年までに「懲役」は「拘禁刑」となる。

「わいせつな電磁的記録に係る記録媒体」とは、わいせつ電子的なデータが何らかの物理的な記録媒体と一体となった「状態」であり、わいせつなDVDなどがこれに該当する。

「販売」という言葉が削除されたのは、従来から、レンタル行為では所有権が移転しないので、それは「販売」でもなく、また一時的に貸与するだけであるから「頒布」にも該当しないのではないかという議論があったために、これを削除し、単なる「頒布」と有償での「頒布」というように明確化された。

また、「頒布」とは、本来「配って広く行きわたらせること」を意味するものであって、物に対する行為と考えられる。すると、新しい条文は、電磁的記録、すなわちデータが記録された「状態」を「頒布」するという意味になり、従来の法令用語としての「頒布」の使用例から外れるおそれがあるが、たとえば1950（昭和25）年に制定された放送法31条3項6号に「ニュース若しくは情報の頒布を業とする事業者」という用い方があり、情報を広めることも「頒布」とされている例は存在するので、「電磁的記録の頒布」という

表現もかろうじて可能かと思われる。[6]

　なお、新しい条文でも、「陳列」という言葉は維持されているので、ホームページにわいせつ画像データをアップロードするような方法で、不特定多数の者の閲覧に供したような場合は、猥褻な情報が記録されたサーバ・コンピュータが、「わいせつな電磁的記録に係る記録媒体」であり、これが「陳列」されたとする従来からの論理には変更がないものと思われる。

3　設例について

　インターネットは、コンピュータ・ネットワークのネットワークであり、国境を越えて自己増殖的にその結合の範囲が広がるから、好むと好まざるとにかかわらず各国の国内事情を超えて、文化が相互に交じり合う。日本で違法な情報もその発信元の国では必ずしも違法とはされていない場合がある。このような情報について、日本国内で違法である以上は刑法上も違法であると主張する見解もあるが、発信元に日本の刑法を適用することはできず、事実上の自由を享受している。Aが偶然目にした情報も、無修正のものならば情報そのものとしては日本ではわいせつな情報となる。

　また、18歳未満が被写体となっている児童ポルノの場合は、「自己の性的好奇心を満たす目的で」ダウンロードしただけで犯罪となるが（7条1項）、成人のポルノの場合はダウンロードしただけではそれを処罰する規定は存在しない。しかし、ダウンロードしたそのわいせつ情報をインターネットの掲示板等にアップロードすれば、刑法175条に該当する。その場合、その掲示板がクローズドな会員制のものであっても、公然性（不特定または多数人）は肯定される。判例によれば、「わいせつ物」であるサーバ・コンピュータを「陳列した」ということになるが、現在の条文では、刑法175条後段の「電気通信の送信によりわいせつな電磁的記録その他の記録を頒布した者」に該当すると考えられる。

→6　ろくでなし子事件
　女性アーティストが自己の器官を3Dスキャンし、そのデータをダウンロードできるURLをメールで送信し、またこの3Dデータを記録したCD-Rを郵送したという事件。
　2016年5月9日に、東京地裁はこれらの行為は刑法175条1項後段に該当するとして有罪判決を下し、2020年に最高裁も、被告人の行為は、露骨な性器表現であって道徳的な秩序に反し、厳格に取り締まられるべきであり、女性器に対する卑わいな印象を払拭し、女性器を表現することを日常生活に浸透させたいという思想などによって正当化されるものではないとして有罪とした（最高裁令和2年7月16日判決　刑集74巻4号343頁）。本判決は、わいせつ性についての考え方に新しい点はないが、3Dデータのわいせつ性を認めた初の判断である。3Dプリンタは無限の社会的有用性を含んでいるが、裁判所がその悪用や乱れた使用に警鐘を鳴らしたことになる。

コラム❹-3　セクスティングは危険な遊び

　「セクスティング（sexting）」とは、少し前からアメリカの青少年の間で「流行」している性的行動であり、恋人や友人の間で性的な写真、特に自分の裸体を携帯電話などで撮影し、それを互いに送り合う行為のことである。すでにわが国でも大きな社会問題となっている。成人間で行われるセクスティングは、双方が同意している限り法的な問題とはならないが、セクスティングは特に次の2つの犯罪につながるという意味において大変危険な行為となる。

　第1に、セクスティングは児童ポルノ禁止法に触れる可能性がある。児童ポルノ禁止法は、第7条で児童ポルノの所持や提供等について処罰している。法定刑は、一般にイメージする以上に重く、行為類型によって異なるが、最高で5年以下の懲役である。

　第2に、セクスティングはリベンジポルノの被害者となる危険性をはらんでいる。「リベンジポルノ」とは、離婚した元配偶者や別れた元恋人が、相手から拒否され

たことの仕返しに、相手の裸の写真や動画など、プライベートな性的画像を無断でネットの掲示板などに公開する犯罪行為である。「恨み」に突き動かされた行為であることが特徴で、「復讐ポルノ」と呼ばれることもある。ネットに一度アップされ、拡散した画像を消すことは不可能であるし、それは、被害者はもちろんのこと、家族、友人らを半永久的に苦しめることになる。

　いずれにせよ、プライベートな性的画像を撮影するという行為は重大な危険性をはらんでいるということは、十分に認識しておかなければならない。電子データはコピーが容易であるから、いったんネットに流れてしまうと、それを完全に消し去ることは不可能である。画像の検索も容易になっているから、すぐに発見される可能性も高い。刑事法的な対応はあくまでも犯罪行為が行われた後の、事後的な対応なのであり、一時の感情に流されてそのような画像を残さないように十分に気をつけるべきである。

ネット上の名誉毀損や営業妨害には どのような特徴があるのだろうか

設例 動物病院を経営するAは、ある日自宅のパソコンである電子掲示板を見て驚いた。Aの動物病院について、事実無根の中傷誹謗が綿々と書きつづられていたのであった。Aは掲示板での反論も考えたが、書き込みは匿名で、いったい誰がどんな目的で書いたものかわからないため、反論はやめ、この掲示板の管理者Bに対して書き込みの削除を申し出た。Aの申し出は聞き入れられるのだろうか。

1 週刊誌や新聞などの活字メディアとインターネットによる名誉毀損ではどんなところにちがいがあるのだろうか

（1） ネットの長所 　パソコンが普及し、そのパソコン同士がオンラインでつながれてパソコン通信が開始され、さらにインターネット時代となって、私たちが日常に行う情報の受信、発信は大きく変化を遂げた。今はキーワードを入れて検索すれば、多くの情報が無償で手に入る。しかし、より根本的に変化したのは情報の発信だろう。私たち個人は、今まで広く社会に向けて自分から情報発信する手段をもたなかったが、現実世界に対して仮想世界ともいわれるインターネットの世界ではそれが可能なのである。しかも、その情報発信には、従来の現実世界でマス・メディアなどが行ってきた情報発信とは質的に異なった特徴がある。なにより、発信は新聞社や雑誌社に限らず、一個人で可能である。そして、従来のマス・メディアでは、取材、編集などの過程を経て、ある意味では発信情報の内容にチェックがかけられるシステムであったが、個人の情報発信では、個人の見聞や意見がそのままダイレクトにインターネットの世界に発信される。さらには、その情報をインターネットで得た者は、ハイパーリンクを張るなどして情報の拡散を行うことがきわめて容易なシステムになっている。しかも、見かけは匿名性をもって行うことも可能である。

（2） ネット上の名誉毀損 　インターネットの以上のような特徴は長所であり、短所でもある。その短所のひとつが、インターネット上の名誉毀損であろう。名誉毀損は、名誉毀損の罪という犯罪行為として刑事責任を問われうるし（刑法230条）、それにより他人に損害が発生すれば、その損害を賠償する民事責任にも問われる（民法709条）。インターネットでは、誰が発信しているのか一見わからない形で、中傷誹謗も可能で、しかも瞬時に誰でもがその情報にアクセスできるようになってしまう危険性があるのである。

2 書き込みの削除と表現の自由

（1） 削除してもらえるか 　それでは、冒頭の設例のような場合、管理者

➡1 パソコン通信
　特定のプロバイダのサーバと会員のパソコンを回線でつなぐことにより、通信を行うサービスで、会員だけの閉じられたネットワークである。わが国では2006年にニフティ・サープがこのサービスを終了したのを最後に消滅し、現在ではインターネットに取って代わられている。

➡2 インターネット
　プロバイダ同士が接続された開かれたネットサービスである。パソコンなどのインターネット端末から、通信回線を経由して、経由プロバイダのルータの媒介により、通信回線を経由して、コンテンツプロバイダが有するサーバに接続することにより、コンテンツプロバイダから端末への受信、端末からコンテンツプロバイダへの送信を行う。

➡3 名誉毀損
　民法では、他人の名誉感情を侵害する侮辱と区別し、被害者の社会的評価の低下であるとされる。したがって、加害者と被害者だけの間でも成立する侮辱と異なり、名誉毀損的なたとえば発言が第三者に広められなければ成立しない。

BはAを中傷誹謗する書き込みをさっさと削除してしまえば問題は解決ということになるのだろうか（名誉毀損の場合の賠償責任の一般的な要件や効果については『18歳からはじめる民法』❷も参照）。そうともいえない。Aは「事実無根」だと言うが、それが真実であるとは限らない。この書き込みをした者（かりにCとする）に聞けば、自分の主張こそ真実で、Aは都合の悪い意見を消し去りたいだけだというかもしれない。Aの名誉も守らなければならないが、他方、インターネットでの情報発信も表現行為であり、表現の自由（憲法21条）は守られなければならない。Cの意向にかかわらず、管理者Bが、Aの申し出に基づいてCの書き込みを削除すれば、Cの表現の自由を侵害することにもなりかねない。

　さらには、書き込んだ掲示板利用者と利用契約があったときには、不用意な削除は、契約者との関係で契約違反の責任を問われかねない。管理者Bとしてはどうしていいか迷うばかりである。こんなときにどうすればよいのか、インターネットは新しいシステムで、明確に決まったルールも当初はなかった。そこで、Aから管理者Bに対して、書き込みの削除を請求する民事訴訟が起こされ、裁判所の判断が求められるようになった。Aの請求の根拠は、**人格権**[4]侵害（名誉毀損はそのひとつ）に基づく妨害排除請求である。中傷誹謗の書き込みが、排除（削除）されるべき妨害である。

　（2）　具体的な事件　現にこのような事件が、何件も発生し、裁判所の判断が下されている。実は、冒頭の**営業妨害**[5]の設例もそのひとつをモデルにしたものである。「**2ちゃんねる**[6]（動物病院）事件」などと呼ばれている。「2ちゃんねる（動物病院）事件」の前に、「ニフティサーブ（現代思想フォーラム）事件」では、1審（東京地裁平成9年5月26日判決　判例時報1610号22頁）は**シスオペ**[7]の削除義務を認めたものの、2審（東京高裁平成13年9月5日判決　判例時報1786号80頁）は否定していた。膨大な掲示板上の書き込みに対し、シスオペがそのすべてをチェックすることは困難であるが、会員からの申し出に基づいて

➡4　人格権
　名誉、プライバシー、肖像、氏名などを内容とする権利であり、民法にこれを認める条文はないが、裁判では認められており、人格権侵害に基づく妨害予防請求や、妨害排除請求、故意または過失によるこの権利の侵害により損害が発生しておれば損害賠償請求も可能とされている。

➡5　営業妨害
　同業の会社同士が行う不正競争行為は不正競争防止法により規制されているが、競業関係に立たないマス・メディアや個人により、営業上の信用が毀損されるような情報が発信されたときには、民法の不法行為責任の規定によることになる。

➡6　2ちゃんねる（現・5ちゃんねる）
　電子掲示板を運営するコンテンツプロバイダであり、掲示板の管理者が管理を行うだけで、自由な情報発信、受信ができた。毎月1,000万回を優に超える利用があったといわれる。

資料❺-1　インターネットのイメージ

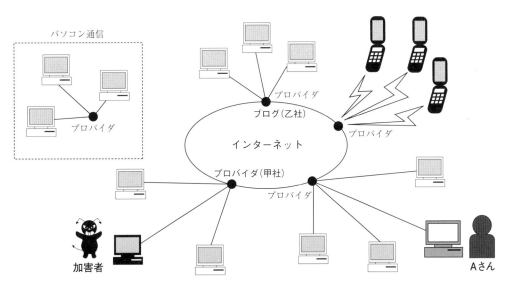

出所：『18歳からはじめる民法〔第3版〕』（法律文化社、2017年）11頁を元に作成

削除する義務はあるとしつつ、直ちに削除せず議論の進行に委ねたことが不当とはいえず、最終的に行われた削除が遅滞していたともいえないとした。

「2ちゃんねる（動物病院）事件」では、2ちゃんねる掲示板を管理する者に対して、匿名性という2ちゃんねる掲示板の特性を標榜して匿名による発言を誘引している管理者には、他人の権利を侵害する発言が書き込まれたときには、被害者の被害が拡大しないようにするため直ちにこれを削除する義務があるものというべきであるとされた（東京地裁平成14年6月26日判決 判例時報1810号78頁、東京高裁平成14年12月25日判決 判例時報1816号52頁）。他人の権利を侵害する発言かどうかは、裁判所が事後的に認定することであるから、管理者の不安定な立場（本当に権利侵害しているかどうか確信をもてないので放置していたら、削除すべきだったといわれる）は解消したわけではない。しかも削除を命じられるだけならともかく、中傷誹謗の発言者とともに、被害者に対して管理者らが損害賠償責任を問われることすらあるのである（後述3）。2ちゃんねる管理者の削除義務については、「2ちゃんねる（動物病院）事件」と同様の判断が、「2ちゃんねる（女性麻雀士）事件」（東京地裁平成15年6月25日判決 判例時報1869号54頁）、「2ちゃんねる（DHC）事件」（東京地裁平成15年7月17日判決 判例時報1869号46頁）でも適用されている。

しかし、名誉毀損であるかどうか、つまり対象者の社会的評価が低下したかどうかは、法的に客観的に判断されることであり、対象者の言い分通りに認められるものでもない。シスオペが発言内容の真偽、相当性について判断するのは困難であり、不当ではない発言が削除されるということはあってはならない事態である。そこで、名誉毀損であるかどうかネット上の名誉毀損かもしれない書き込みについては、次の3でも述べるように、削除ではなく、反論などの方法により対処すべきとの考え方も有力である。

3 関係者の損害賠償責任

(1) 損害賠償請求はできるか シスオペの削除義務について前節では考えてみたが、3では、被害者が損害賠償請求を誰にできるか考えてみよう。損害賠償請求の法律上の根拠は不法行為（民法709条、710条）である。不法行為に基づく損害賠償請求権が認められるのは、①故意または過失により、②他人の権利または法律上保護される利益を侵害し（違法性があること）、③損害が発生しており、④そして①と③の間に相当因果関係が存在することである。さらに、⑤違法性阻却事由（②の違法性を否定する理由）がないこと、⑥加害者に責任能力があることが必要である。このうち、名誉毀損でもっぱら問題になるのは、①、②、⑤の要件である。③の損害は、名誉毀損の不法行為ではたいていは精神的損害の賠償（慰謝料）である。確かに、財産損害の賠償請求も考えられなくはない。たとえば「2ちゃんねる（動物病院）事件」で、掲示板の中傷誹謗により、顧客が動物病院を敬遠するようになり、以前に比べて月50万円ほど収益が減ったというようなときに、この50万円を損害賠償請求する場合である。しかし、この中傷誹謗がなければ減収はなかったのか、中傷誹謗と50万円との相当因果関係（④の要件。このような中傷誹謗で50万円の売り上げが減少するのが通常と認められるかなどの判断（民法416条））を、裁判になれば、被害者が証明しなくてはならない。これはなかなか困難であり、通常は、営業上のいろいろな問題を生じている事情も主張して、慰

謝料を増額すべき事由として裁判所に判断してもらう選択がされることが多いであろう。なお、名誉毀損一般に、金銭による損害賠償請求に代えて、またはそれとともに原状回復措置を請求することが認められている（民法723条）。週刊誌や新聞による名誉毀損では、その週刊誌や新聞に謝罪広告を掲載することが最も一般的である。インターネット上の名誉毀損の場合、たとえばホームページに名誉毀損の書き込みがあった場合には、そのホームページに謝罪広告を掲載させるという方法が考えられる（インターネットではなく書籍による名誉毀損であったが、書籍の場合、新聞や週刊誌の様に同一の読者が反復して購入することが考えにくいため、被害者から書籍発行社ホームページへの謝罪広告掲載が要求されたところ、東京地裁平成13年12月25日判決 判例時報1792号79頁はこれを認めた）。

（2）　**誰が責任を負うか**　　インターネットによる名誉毀損の賠償責任主体として考えられるのは、まずは情報発信者、書き込みを行った本人である。そのほか、2でみたパソコン通信のシスオペ、インターネットの掲示板管理者、サーバの管理者[8]（「都立大学事件」東京地裁平成11年9月24日判決 判例時報1707号139頁）が挙げられる。なお、プロバイダの責任については本書❼で詳しく取り上げる。

➡ 8　サーバ管理者
　サーバのハードウェア、アプリケーションソフトに異常がないかを管理したり、ログを確認して不正アクセスがないかなどを監視する者のこと。

（3）　**名誉毀損となる事件**　　裁判所の見解では、新聞や週刊誌などの従来の活字メディアや個人による名誉毀損と、インターネット上で行われる名誉毀損により賠償責任が生じる要件は、基本的に変わるところがないと考えられている。したがって、①の要件を満たすには、損害が発生すると知りつつあえて行為したか（故意）、発生が予見可能であり、それを回避する義務が課せられていたのにその義務（シスオペの削除義務違反など）を尽くさなかったか（過失）が必要である。②の要件は、先述したが、誤った事実の公表による被害者の名誉感情の侵害ではなく、客観的な社会的評価の低下である。真実の公表の場合には、名誉毀損は問題にならず、それが被害者にとって不

うらんむ❺-1　紛争解決にどのような窓口があるのか

　インターネットで名誉毀損やプライバシー侵害などを受けたときに、被害者はプロバイダなどに情報提供を求めたり、削除請求をしていくことになる。しかし、被害者本人だけではうまくできないときには、どうしたらよいだろうか。
　相談窓口がわからないときは、日本司法支援センター（いわゆる法テラス。http://www.houterasu.or.jp/index.html）の利用ができる。
　また、インターネット上の中傷誹謗や風評被害が残念ながら後を絶たないため、こうした問題を迅速に解決できるエキスパートであることをPRする法律事務所も出てきている。弁護士の手によって削除や情報提供に相手方の任意の協力が得られなければ、裁判外解決手続（いわゆるADR）、さらには訴訟の提起に進むということになろう。
　主な相談窓口として、まず法務省人権擁護局が、インターネット上での人権侵害をなくすよう啓発を行うとと

もに、具体的な救済を行っている（http://www.moj.go.jp/JINKEN/jinken88.html）。被害者自身で削除などができないとき、法務局を訪れれば、削除依頼の方法などに助言を行ってもらえ、被害者が被害の回復をできるよう援助を得られる。さらには、それによっても問題解決しないときには、法務局自体がプロバイダへの削除依頼を行うこともある。上記の法務省のホームページによると、法務省の人権擁護機関が救済手続を開始した事件のうち、インターネットを利用したプライバシー侵害事件数は、2011（平成23）年には868件であったものが、この10年でかなり増加し、2021（令和3）年には1584件に至っている。
　そのほか、一般財団法人インターネット協会が警察庁からの委託を受けて運営しているインターネットホットラインセンター（http://www.internethotline.jp/）、一般社団法人テレコムサービス協会の違法・有害情報相談センター（https://www.ihaho.jp/）などの相談窓口が設けられている。

都合な真実であればプライバシー侵害の問題となる。そして、①⑤にかかわり、「名誉毀損については、当該行為が公共の利害に関する事実に係り専ら公益を図る目的に出た場合には、摘示された事実が真実であることが証明されたときは、その行為は、違法性がなく、不法行為は成立しない。もし、右事実が真実であることが証明されなくても、その行為者においてその事実を真実と信じるについて相当の理由があるときは、右行為には故意又は過失がなく、結局、不法行為は成立しない」という基準も適用される（最高裁昭和41年6月23日判決　最高裁判所民事判例集（以下、民集）20巻5号1118頁）。たとえば、ジャーナリストが環境問題、たとえば風力発電が野鳥に与える悪影響（公共の利害に関する事実）について、自分のホームページ上で社会に問題提起するために（公益を図る目的）、風力発電推進論者Aが風力発電機メーカーから金品を受け取っている事実を暴露すれば、Aの社会的評価は低下するが、それが事実であれば違法性が阻却される。Aが風力発電機メーカーから金品を受け取っているという事実がなかったとしても、このジャーナリストが裏付け取材を適切に行い、事実があったと信じる相当の理由があるなら、過失がないということになる。

　②の要件、名誉毀損が存在するかどうかについて問題となるのが、名誉毀損発言に対して、被害者自らによってそれに対抗する発言が行われた場合に、全体として名誉毀損が否定されることがあるのかどうかである。これを認めて、全体として社会的評価が低下する危険性はなくなったとし、名誉毀損の成立を認めなかった判決がある（「ニフティサーブ（本と雑誌のフォーラム）事件」東京地裁平成13年8月27日判決　判例時報1778号90頁）。現実社会の名誉毀損でも、一方的な名誉毀損ではなく、当事者間または第三者を交えた応酬になることはあり、そのときはやり取りが総合的に名誉毀損となるかどうかが判断され、時には、双方ともに相手方に対する名誉毀損が認められることもある。

　(4)　反論ができたら賠償請求はできないのか　　さらに、反論が行われていないが、反論が行われる可能性があることを理由に、名誉毀損の発言の違法性が阻却され、その削除を求めたり、それにより生じた損害の賠償請求が認められないという考え方がある。言論を中止させたり、賠償金を課すことで論争を萎縮させるのではなく、言論には言論で対抗せよという考え方である（対抗言論の法理）。たとえばマス・メディアに個人の名誉毀損的な記事が掲載されたとしたなら、公人や著名人であればともかく、一市民が有効な反論を行うことは難しい。しかし、インターネットでは個人でも情報発信が容易である。裁判所にはこの考え方が認められているとはいえない状況であるが、検討の余地があろう。掲示板、会議室、チャットルームでは、ホームページやブログと異なり、それらへの参加者は自己への侵害を容易に知ることができ、より確実に他の参加者に反論を届けることが可能である。もっとも、被害者が任意に反論する場合はともかく、そうではなく、裁判所に対して名誉毀損を理由に救済を求めてきた場合に、裁判所が反論の可能性を理由に救済の道を閉ざすことについて、慎重な検討も求められよう。被害者に「自力救済」を求めることにもなるからである。

4　関係者の刑事責任

　インターネット上で名誉毀損を行っても、刑法の名誉毀損の罪（刑法230条）になることがある。前出の最高裁昭和41年6月23日判決 民集20巻5号1118頁が示す不法行為責任に関する違法性阻却の判断基準は刑法230条の2に基づくものである。

　個人が情報発信する場合、刑事責任でも、情報が真実ではなかったが真実であると信じるに相当の理由があるとして、責任が認められないためには、情報発信者がどの程度の注意をしておけばよいのかが、問題になる。この点について、「ラーメンフランチャイズ運営会社批判事件」1審判決（東京地裁平成20年2月29日判決 判例時報2009号151頁）は、「インターネットの利用者は相互に情報の発受信に関して対等の立場に立ち言論を応酬しあえる点においてこれまでのマスコミと個人の関係とは異なり、また、個人利用者がインターネット上で発信する情報の信頼性は一般的に低いと受け止められている等の事情から、加害者が摘示した事実が真実でないことを知りながら発信したか、インターネットの個人利用者に対して要求される水準を満たす調査を行わず真実かどうか確かめないで発信したといえるときにはじめて名誉毀損罪に問擬するのが相当である」と述べ、本件では水準を満たす調査が行われたとして無罪とした。ところが、この事件の控訴審（東京高裁平成21年1月30日判決 判例タイムズ1309号91頁）と上告審（最高裁平成22年3月15日判決 最高裁判所刑事判例集64巻2号1頁）は、インターネットの個人利用者による表現行為の場合においても、他の表現手段を利用した場合と同様に、行為者が摘示した事実を真実であると誤信したことについて、確実な資料、根拠に照らして相当の理由があると認められるときに限り、名誉毀損罪は成立しないものと解するのが相当であって、より緩やかな要件で同罪の成立を否定すべきではないとして、有罪と判断し、1審と結論を異にした。

- -

コラム❺-2　ネット上の名誉毀損にかかわる最近の動向

　最近のインターネット上の名誉毀損などに関する判決で、本文でふれたことを補足するものを中心にいくつか拾い上げて紹介しておこう。

　まず、名誉毀損により損害賠償請求する場合、加害者に匿名性があるとプロバイダに情報開示請求をするなど、加害者を明らかにするために手間と費用を要する。この費用も名誉毀損による損害として加害者に賠償請求できる。東京地裁平成24年1月31日判決 判例時報2154号80頁は、「2ちゃんねる」への書き込みが名誉毀損になると認め、慰謝料100万円、弁護士費用10万円に加えて、書き込み発信者の調査費用63万円の請求を認める。

　「食べログ」のような店舗情報提供掲載サイトへ、店舗利用者（かどうかは必ずしも確認できないが）が投稿や評価を行ったことが問題となる。札幌地裁平成26年9月4日判決〈LEX/DB25446608〉では、「A丼B」の名称を用いて飲食店を経営する原告が、「料理が出てくるまで40分くらいまたされ」たとする口コミの削除などを「食べログ」の運営会社を被告として求めた事件である。この事件では、被告による名称使用権侵害はないとして原告の請求は認められなかったが、「口コミ」をめぐる紛争も絶えそうにない。

　最後に、京都地裁平成26年8月7日判決 判例時報2264号79頁は、いわゆる「忘れ去られる権利」にかかわる事件である。この事件では、「Yahoo! JAPAN」で原告の名前を検索しても、原告の逮捕に関する事実が表示されないようにすることが請求された。判決は、Yahoo運営会社の原告への権利侵害は否定し、請求は認めなかった。だが、ネット上の情報は消えにくいため、被害者の効果的な救済手段について問題を投じた事案ともいえよう。

　また、刑事責任について、平成26年11月にいわゆるリベンジポルノ防止法が制定され、従来の刑法の名誉毀損罪、わいせつ物頒布罪によらず処罰が可能となった。

6 ネット上の著作物やドメイン名の使用には どのような規制があるのだろうか

➡1 著作者人格権
著作者の著作物への「こだわり」などの人格的利益を保護するために認められている権利。未公表の著作物を公表する権利（公表権。著作権法 18 条）、著作物を提供する際にどのような名義にするか（本名にするか、ペンネームにするか、無記名にするかなど）を決める権利（氏名表示権。著作権法 19 条）および意に沿わない著作物の改変を禁止する権利（同一性保持権。著作権法 20 条）がある。著作権は他人に譲渡したり相続させたりすることができるが、著作者人格権は、譲渡や相続の対象にならない（著作権法 59 条）。

➡2 著作隣接権
実演家、レコード製作者、放送事業者および有線放送事業者の 4 者に対して、著作権とは別個独立の権利として与えられる権利。たとえば、CD に収録された楽曲を複製すると、著作以外に、歌唱や演奏をした人のもつ「実演家の権利」、いわゆるレコード会社のような、レコード（著作権法上、CD は「レコード」と呼ばれる）作成のために資金や労力を投下した者のもつ「レコード製作者の権利」が関係することとなる。

➡3 依拠
他人の著作物に依拠することは、他人の著作物に接していることを意味する。依拠がない場合、すなわち他人の著作物に接していなかった場合には、結果的にその他人の著作物と同じものを作成したとしても著作権侵害には問われない。

設例 人気漫画家の A は、A の作品に関する多数の情報が掲載されているウェブページを発見した。そこには、「このページは、A 先生の作品に関する情報交換のためのページです。皆さんの投稿をお待ちしています。」との表示のほか、「作品あらすじ」、「作品解説」等の項目の表示があり、これらの項目をクリックすると、関連する投稿作品を集めたページにいけるようになっており、さらにそこに表示してある投稿タイトルをクリックすると、その投稿内容を表示するページにいくことができる。これら一連のページ（以下「B ウェブページ」とする）を運営しているのは B であり、これらのアドレスの共通部分は、"www.○○○.jp"（「○○○」には、A の氏名をアルファベット表記した文字列が入る）となっている。B ウェブページは、誰でも作品をアップロード（投稿）できるようになっており、B は誰がどのような投稿をしているのかをまったく把握しておらず、これまで投稿された作品を削除したことはない。
　C は、A の「作品解説」として、週刊誌に掲載された A の最新の作品全 10 ページをスキャンして作成した画像全部に、3 行ほどの文章をつけたものを B ウェブページに投稿した。
　A は、B および C に対して、どのような法的請求をすることができるだろうか。

1 はじめに

　設例のケースは、ネットワークにおける知的財産の保護に関係する問題である。知的財産については、本書❷で既に基本的な事項について説明しているが、ここでは、著作権法に関する問題を中心に解説する。著作権法は、「文化の発展」（著作権法 1 条）を目的とする知的財産法であり、この目的の達成のために、著作物に対して著作権や**著作者人格権**➡1を与えたり、著作物の伝達にかかわる者に**著作隣接権**➡2を与えるなどしている。これらの権利のうち、ここでは著作権について説明する。

　また、ネットワーク上の住所であるドメインネームについての不正競争防止法上の規制についても紹介しておく。

2 著作権法

　(1) 著作権侵害の基本　著作権法上、著作権侵害になるためには、他人の著作物に**依拠**➡3して、著作権の対象となる行為を行い、かつその行為が著作権の制限規定に当たらないことが必要である。著作権侵害に当たると、著作権者は、侵害者に対して、侵害行為の差止請求（著作権法 112 条 1 項。本書❷参照）や、損害賠償請求（民法 709 条）などを行うことができる。

　(2) 著作物　著作権の対象になるのは、著作物である。著作物とは、「思想又は感情を創作的に表現したものであつて、文芸、学術、美術又は音楽の

範囲に属するもの」である（著作権法2条1項1号）。技術的なアイデア（発明）を保護する特許法とは違い、著作権法が保護するのはあくまでも「表現」であって、アイデアを保護してはならないことになっている（うらむ⑥-2参照）。著作権法のいう「文化の発展」とは、多様な表現が社会にもたらされることによって達成されると考えられているため、多様性を殺しかねない「アイデア保護」を否定しているのである。たとえば、「探偵が密室で起きた殺人事件を推理によって解決する」というアイデアが独占されると、多様な探偵小説が世の中に登場することは望めなくなってしまう。

この「表現」であることに加えて、「創作的」であるという要件も、多様性を殺さないという配慮から設けられているものである。すなわち、著作権法上、創作的表現であるといえるためには、芸術性が高いとか、学術的に高度であるなどといったことは必要ではなく、①アイデアと表現が一致していないこと、および②ありふれた表現でないこと、の両方を満たしていればよい。この①が必要とされる理由は、あるアイデアを前提とすると、他に選択の余地がないような表現を保護してしまうと、アイデア保護と同様の効果をもってしまうためである。②が必要とされるのは、既に多くの者が用いている表現を独占させてしまうと、それより後になされる表現の選択肢が狭くなってしまうからである。

上に述べたようなことからすると、漫画が著作物にならないことはほぼありえないから、Aの漫画は著作物といえるだろう。

(3) 著作権の対象となる行為

▶著作権の対象となる行為の全体像　Aの漫画が著作物であるからといって、Aの漫画に関係するあらゆる行為が著作権侵害になるわけではない。著作権法は、著作物の利用行為を細かく規定しており、その規定に該当する行為のみが著作権侵害になりうる。「著作権」というのは、法に規定された各利用行為（例：複製）に対して定められている権利（例：複製権）の総称である。

うらむ⑥-1　技術の進歩と著作権

20世紀はじめに出されたアメリカの最高裁判決に、自動ピアノの演奏用のピアノロール（楽曲の情報が穴の位置によって刻み込まれている巻き紙のことで、これを自動ピアノに取り付けることで自動演奏が可能になる）が、音楽著作物の「複製物」に当たらない（したがって、ピアノロールの作成は音楽著作権の侵害にならない）と判断したものがある。ピアノロールを人間が見ても、楽曲を知覚することができないからというのがその理由である。

今日では、人間が直接知覚することのできないデジタルデータの形で著作物を扱うことが当たり前になっており、楽曲をデジタルデータ化することは世界のどの著作権法の下でも複製になる。このように、音楽のように大昔から存在するような種類の著作物であっても、その利用のされ方は技術の進歩によって異なってきており、著作権法の解釈や法改正によってそれへの対処が行われている。著作権法の歴史は、（著作物の利用の仕方にかかわる）新たな技術やサービスへの対処の歴史であるといっても過言ではない。

この対処にあたって重要なのは、ただ著作権の効力を強めればよいというものではないということである。著作権法は、著作権を保護することそれ自体を目的としているのではない。同法1条は、「この法律は、著作物並びに実演、レコード、放送及び有線放送に関し著作者の権利及びこれに隣接する権利を定め、<u>これらの文化的所産の公正な利用に留意しつつ</u>、著作者等の権利の保護を図り、<u>もって文化の発展に寄与することを目的とする</u>」（下線は筆者）と規定している。つまり、法の解釈や法の改正は、著作権者の利益だけでなく、新しい技術によって社会にもたらされる利益（上の例でいえば、自動ピアノによってもたらされる利益）とのバランスを考えなければならないのである。どちらか片方だけを重視するのでは、文化の発展は達成されないだろう。

これらの各利用行為に対する権利は、図❻-1の通りである。

図❻-1

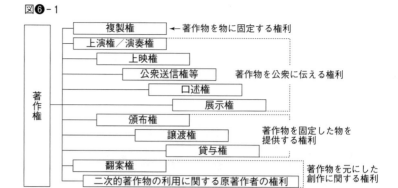

この図の通り、著作権のなかには、著作物を物に固定する権利である複製権、著作物を公衆[*4]に伝えることに関する諸権利（上演権、公衆送信権など）、著作物を固定した物（CDやブルーレイディスクなど）を公衆に提供することに関する諸権利（頒布権など）および既存の著作物をもとに創作された著作物（これを二次的著作物という）に関する諸権利がある。

設例でCがAの漫画に関して行ったのは、①Aの漫画のスキャンと、②スキャンしたデータの投稿（アップロード）である。このうち①は、著作権法上の複製に当たり、②は「送信可能化」という行為に当たる。以下、順番に説明していきたい。

▶複製　著作権法上、複製とは著作物を「有形的に再製する」こと（著作権法2条1項15号）、つまり物に固定することをいい、固定する方法は何でもかまわない。手書きでもデジカメでの撮影でも、著作物の創作的表現を物に固定すれば、法的には等しく「複製」として扱われる。

設例でCが行ったスキャン行為は、漫画を画像データとして、Cの持っている記録媒体（PCのハードディスクやUSBメモリなど）に固定する（書き込む）ことを意味するので、この行為は複製に該当し、複製権（著作権法21条）の対象となる。

▶公衆送信　著作物を公衆に伝える行為のうち、データを受信装置めがけて送信する行為は、「公衆送信」に当たる可能性がある。公衆送信には、公衆に対してデータを同時かつ一方的に送信するというタイプのものと、公衆の求めに応じてデータを送信するというタイプのものがある。前者のタイプとしては、放送（著作権法2条1項8号。例：地上デジタルテレビ放送、衛星テレビ放送、ラジオ放送など）と有線放送（著作権法2条1項9号の2。例：ケーブルテレビ放送、いわゆる有線放送など）があり、後者のタイプとしては自動公衆送信がある。

自動公衆送信（著作権法2条1項9号の4）とは、公衆からの求めに応じて自動的にデータを送信することであり、インターネット上で送信する行為がこれに当たる。つまり、われわれがインターネット上のコンテンツを閲覧するためには、特定のアドレスにあるサーバにアクセスして、データを要求することがまず必要であり、この要求に応じて、サーバが自動的にデータをわれわれの端末めがけて送信することになるのであるが、この場合のサーバによる送信が自動公衆送信となる。

自動公衆送信のためには、データを送信する機器（サーバなど）にデータをアップロードする必要がある。このような、自動公衆送信の前段階に当たる行為を送信可能化（著作権法2条1項9号の5）という。CがBウェブサイトにAの漫画をスキャンしてできたデータを「投稿」する行為はこの送信可能化に当たる。

　著作権のひとつである公衆送信権には、送信可能化権も含まれる（著作権法23条1項）。したがって、Cは投稿した段階で、公衆送信権（送信可能化権）の対象になる行為をしたことになる。

　(4)　著作権の制限　　ある行為が著作権の対象になる行為であるとしても、それが著作権侵害になるとは限らない。著作権法は、著作権の対象になる行為のうち、一定の行為については著作権を制限する（権利を及ばなくする）規定（著作権の制限規定[5]）を設けているからである。

　では、Cの行為は制限規定に当たるだろうか。上記の通り、Cの行為で著作権法上問題になるのは複製（スキャン行為）と送信可能化（投稿）である。まず複製行為について検討すると、かりにCのスキャン行為が私的使用目的（個人的にまたは家庭内その他これに準ずる限られた範囲内において使用する目的）

➡ 5　著作権の制限規定

　著作権の制限規定は、本文で紹介する私的使用のための複製（著作権法30条）や引用（同法32条1項）以外にも、多数ある。たとえば、図書館における調査研究目的の資料複製についての規定（同法31条）、教育機関の授業で使用するための複製についての規定（同法35条1項）や、非営利かつ無料の演奏についての規定（同法38条1項）などがある。

表❻-1

『北の波濤に唄う』のプロローグ	番組ナレーション
むかし鰊漁で栄えたころの江差は、その漁期にあたる四月から五月にかけてが一年の華であった。……	日本海に面した北海道の小さな港町、江差町。古くはニシン漁で栄え、
……「出船三千、入船三千、江差の五月は江戸にもない」の有名な言葉が今に残っている。	「江戸にもない」という賑いをみせた豊かな海の町でした。
……	
鰊の去った江差に、昔日の面影はない。	しかし、ニシンは既に去り、今はその面影を見ることはできません。
……	
その江差が、九月の二日間だけ、とつぜん幻のようにはなやかな一年の絶頂を迎える。日本じゅうの追分自慢を一堂に集めて、江差追分全国大会が開かれるのだ。町は生気をとりもどし、かつての栄華が甦ったような一陣の熱風が吹き抜けていく。	九月、その江差が、年に一度、かつての賑いを取り戻します。民謡、江差追分の全国大会が開かれるのです。大会の三日間、町は一気に活気づきます。

うらむ❻-2　アイデアと表現の区別

　本文で述べたように、著作物であるためには「創作的表現」であることが必要であり、この「創作的表現」こそが著作物の本質と考えられている。したがって、既存の著作物をもとにしてなされた表現であっても、その表現に既存の著作物の創作的表現が維持されていないのであれば、著作権侵害にはならない。このことは、既存の著作物のアイデアや創作的でない表現については自由に利用できるということを意味するが、創作的表現とそうでないものの線引きは、実は非常に難しい問題である。

　例として、江差追分（えさしおいわけ）事件（最高裁平成13年6月28日判決）をみてみよう。この事件の被告はNHKである。NHKが「江差追分」という北海道の江差町に伝わる民謡のルーツを探るという番組を制作し放送したところ、その番組冒頭のナレーションが、『北の波濤に唄う』というノンフィクションの一部に似ているとして、そのノンフィクションの著作者が、NHKに対し著作権（翻案権）侵害を理由に損害賠償を求めた。

　問題の箇所は表❻-1の通りである（原告著作物については一部抜粋。「……」は省略を表す）。これを見るとわかるように、どちらも同じような内容が同じ順番で登場する。問題は、『北の波濤に唄う』（の一部）と番組ナレーションに共通する部分が創作的表現といえるのかということであるが、最高裁は、創作的表現が共通しているとはいえないと判断している。

　『北の波濤に唄う』では、原告独特の視点から、過去のニシン漁との対比で江差追分の全国大会について記述されており、江差追分の全国大会で「一年の絶頂」を迎えるとの記述も独特である。しかし、だからといってこの2点が共通しているというだけで著作権侵害にしてしまうと、『北の波濤に唄う』を読んだ人がこの2点について著者と同じ意見をどんな言葉を使って表現しても著作権侵害になるおそれがある。最高裁は、この著作物を読んだ人の表現活動の自由を重視して、上記のような判断をしたのだと思われる。

のものであれば、私的使用のための複製として、権利制限を受けられる（著作権法30条1項）。しかし、投稿目的での複製は私的使用目的とはいえないので、この権利制限は適用されず、他にもCのスキャン行為が当てはまるような制限規定はないので、この行為は複製権侵害になる。

次に、投稿行為について検討する。これについては、「作品解説」という名目で行われているので、Cとしては適法引用（著作権法32条1項）の規定により許されると主張することが考えられる。確かにこの規定によると、「公表された著作物は、引用して利用することができる」となっているが、それに続けて「この場合において、その引用は、公正な慣行に合致するものであり、かつ、報道、批評、研究その他の引用の目的上正当な範囲内で行なわれるものでなければならない」ともなっている。3行ほどの文章の「解説」のために10ページ分の画像を掲載することが「引用の目的上正当な範囲内」とはいえないので、Cの行為は適法引用に当たらない。他にCのこの行為に当てはまるような制限規定は見当たらないので、Cのこの行為も著作権侵害ということになる。

(5) **著作権侵害の「場」を提供した者の扱い**　既に述べたように、著作権侵害となるためには、著作権の対象となる行為があることが必要である。そして、著作権を侵害する者とは、その行為をした者（行為主体）を指すのが普通である。しかし近年、ユーザーによる著作物の利用行為を誘発するようなサービスの提供者に対して、著作権者がサービスの停止や損害賠償を求めて裁判を起こすケースが増えてきており、このようなサービス提供者が著作権法上どのように扱われるのかについての議論が活発に行われている（⤵ラム❻-3参照）。

著作物の利用行為を誘発するサービスのなかでも、侵害行為が横行するような「場」を提供して、それを放置しているようなものについては、著作権侵害の責任を問われる傾向にある。たとえば、他人の著作権を侵害する書き込みを放置したインターネット掲示板の運営者を著作権侵害の主体とする判決（東京高裁平成17年3月3日）や、他人の著作権を侵害する動画が多数アップロードされているような動画共有サイトの管理者を著作権侵害の主体とする判決（知財高裁平成22年9月8日）などがある。

設例のBも、Bのウェブサイトで著作権侵害になるような投稿ばかりがなされているのに、何の対策も採らずに放置しているような場合には、著作権侵害をBがしていると判断される可能性が高い。その場合、著作権者であるAは、自分の漫画のアップロード（送信可能化）等を止めるようにBに対しても請求ができるということになる。

3　ドメイン名に関する規律

ドメイン名とは、いわばインターネット上のアドレス（住所）であり、ピリオド（.）で区切られた英数字（ひらがなや漢字の場合もある）や記号で表される。多くの者は、自分の運営するウェブページのアドレスには、自分の名前なり、自分を表すような文字列を含めたいと思うことだろう。有名な企業や著名人ともなればなおさらであり、現に有名な企業や著名人のウェブページのアドレスには、企業名や著名人の氏名かその略称を表す文字列が含まれていることがほとんどである。

➡ 6　引用の要件
　引用といえるためには、引用する側（設例の場合はCの投稿作品）と引用される側（設例の場合はAの漫画）とが明瞭に区別でき、かつ引用する側が主で、引用される側が従の主従関係がなければならない、というのが判例である。設例の場合、Cの投稿作品はAの漫画が主になってしまっているため、そもそも引用といえないことにもなる。

ドメイン名を取得する者のなかには、自分と何の関係もない企業や著名人を想起させるようなドメイン名をあえて取得する者もいる。そのようなことをする目的としては、自分のウェブページに注目を集めるため、そのドメイン名を高額で売りつけるため、単に面白半分で、など様々なものがありうるが、企業や著名人の側にとっては不愉快な話であり、できればそのようなドメイン名の取得や使用（これらはしばしば「サイバースクワッティング」と呼ばれる。「スクワッティング」というのは不法占拠を意味する）は防止したいところであろう。

そこで、不正競争防止法には、ドメイン名の不正取得に関する規定がある。同法2条1項19号は、「不正の利益を得る目的で、又は他人に損害を加える目的で」、他人の営業等を示す表示と同一または類似のドメイン名を取得したり、保有したり、使用したりする行為が不正競争とされている。設例のケースでは、著作権を侵害するような投稿を放置するような態度をBが取っているのであれば、Aに損害を与える目的があると認められることだろう。そのような場合、Aは、自分の氏名を表す文字列を含むドメイン名を取得して使用しているBに対して、そのドメイン名の保有や使用の差止請求（不正競争防止法3条1項）や損害賠償請求（不正競争防止法4条）を求めることができる。

このほか、".jp"で終わるドメイン名（JPドメイン名）に関する紛争については、日本知的財産仲裁センターによる紛争処理も行われている。詳細は、同センターのウェブページ〈http://www.ip-adr.gr.jp/〉や、日本ネットワークインフォメーションセンター（JPNIC）のウェブページ〈https://www.nic.ad.jp/〉を参照されたい。

◆ 7　ドメイン名の取得方法
ドメイン名の取得方法など、ドメイン名に関する詳細な情報については、本文でも言及する日本ネットワークインフォメーションセンター（JPNIC）のウェブページを参照されたい。

図**❻**-2

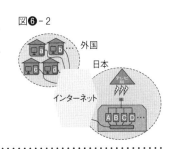

つうム❻-3　複製の主体

本文で述べたように、著作権侵害を誘発して、放置した者には著作権侵害者として責任を問われる傾向にあるが、「侵害」を誘発したとはいえないような業者も、著作権侵害者とされることがある。すなわち、一見、ユーザーによる私的使用目的の複製を補助しているにすぎないと思われるようなサービスを提供している業者が、著作権侵害者とされるような判決があるのである。

その一例として、ロクラク事件（最高裁平成23年1月20日判決）をみてみよう。この事件の被告は、海外で日本のテレビ番組を視聴することに関するサービスを提供する事業者であった。このサービスにおいて、テレビ番組の取得のための機器は、日本に置いてある端末（親機）と、海外でサービス利用者の手元にある端末（子機）とのセットであり、被告はこのセットを利用者にレンタルしていた。利用者は、手元にある子機を操作して、親機の受信した地上波アナログ放送のテレビ番組を親機に複製させ、複製した番組データを子機に送信させ、子機で

これを再生させて、複製した番組を視聴することができるようになる（図**❻**-2参照）。

放送事業者である原告は、テレビ番組についての著作権や著作隣接権に基づいて、被告に対してテレビ番組の「複製」の差止め等を請求した。最高裁は、被告のようなサービスを行っている者は、「その管理、支配下において、放送を受信して複製機器に対して放送番組等に係る情報を入力するという、複製機器を用いた放送番組等の複製の実現における枢要な行為」（「枢要」は「すうよう」と読む）をしているとして、複製の主体になると判断している。

このような最高裁判決を前提とすると、複製の対象の選択や複製の指示自体は利用者の端末で行われるのだとしても、業者が「枢要な行為」を行っているのであれば、業者が複製権侵害のリスクを負うことになる。このため、現在、クラウドサービスなどネットワーク上の著作物の複製が関係するサービスついて、どこまでが業者の責任となるべきかについて、議論が行われている。

プロバイダは法的にどのような義務を負っているのだろうか

設例 動物病院を経営するAは、ある日自宅のパソコンである掲示板を見て驚いた。Aの動物病院について、事実無根の中傷誹謗が綿々と書きつづられていたのであった。書き込みは匿名で、誰がどんな目的で書いたものかわからない。Aは、書き込みをした本人を相手に損害賠償請求するため、この掲示板を運営するプロバイダBに、この書き込みをした者の情報を提供するよう申し出たが、いつまでたっても返事はない。Bには、Aの申し出に応じる義務はないのだろうか。

1 プロバイダはどのような役割を果たしているのだろうか

端末からインターネット上の情報にアクセスしたり、情報を発信したりするときに、プロバイダが重要な役割を担っている。プロバイダにはルータを担う接続プロバイダ（アクセスプロバイダ、経由プロバイダ等とも称される）とインターネット上にウェブサーバを有し、情報サービスの提供を行うコンテンツプロバイダがある。

インターネット上で情報が送受信される際には、ウェブサーバは互いに相手方のＩＰアドレス[1]（ネットワークに接続されたコンピュータや通信機器の識別番号）、送受信時刻（タイムスタンプといわれる）、送受信データなどをやり取りし、ログ（通信記録）を取得しており、ログはサーバ管理者によって保存される。もっとも、どのような情報について、どのくらいの期間保管しなければならないかについては、法律規定がないため、各プロバイダの判断によっている。ウェブサーバに残されたログは情報の発信者を特定する重要な役割を担う。特に、IPアドレスはウェブサーバに固有に割り当てられているため、有力な手がかりとなる。

考えてみると、（名誉毀損の被害者が）損害賠償請求しようにも、誰が書き込んだのかが特定できなければ話にならない。そこで冒頭の設例のように、プロバイダに対してログの情報提供を求めることになるのである。

しかし、発信者情報を開示してしまった場合には、プライバシー侵害や「通信の秘密」[2]を侵害する問題を生じうることになる。プロバイダは、名誉毀損の被害者を放置することもできないが、その書き込みが裁判で本当に名誉毀損だと認められるかどうかは必ずしもわからないから、プライバシー侵害などの危険を冒してまで発信者情報を開示しなければならないのか迷い、削除請求がされたときのように、板挟み状態になってしまう。そこで、このような問題を解決するために作られたのがいわゆるプロバイダ責任制限法である。

➡1 IPアドレス

Internet Protocol Address を略したものである。インターネット上の接続機器に割り当てられる。IPアドレスの表記は、0から255までの数字を「.」（ドット）で4組つないで表記される。IPアドレスはネットワーク上では公開の情報であるが、そこからはプロバイダやホスト名がわかる程度である。IPアドレスを有する者の個人情報（氏名、住所など）は、プロバイダ利用契約時にプロバイダが取得しているから、そこから情報を得なければ、IPアドレスの公開が個人情報の公開に即つながるものではない。

➡2 通信の秘密

憲法21条2項は「通信の秘密は、これを侵してはならない」と定め、信書、電話、電子メールなどの内容や関連事項を、公権力が把握したり、知り得た情報を漏えいすることを禁じている。プロバイダを含む電気通信事業者は、電気通信事業法4条1項で、「電気通信事業者の取扱中に係る通信の秘密は、侵してはならない」と定めている。

2　プロバイダ責任制限法とはどんな法律なのだろうか

（1）　どんなことが定めてあるか　　プロバイダ責任制限法の正式名称はず
いぶん長く、「特定電気通信役務提供者の損害賠償責任の制限及び発信者の
情報開示に関する法律」といい、2002年4月1日に施行された。本法3条は、
権利侵害情報を防止する措置を講じなかったプロバイダ（特定電気通信役務提
供者）の、被害者に対する損害賠償責任を制限する規定を設ける。4条1項
は、権利侵害された者は、発信者情報（氏名、住所その他の侵害情報の発信者の
特定に資する情報であって総務省令で定めるものをいう）の開示請求を認める。
その要件として、同項1号の「侵害情報の流通によって当該開示の請求をす
る者の権利が侵害されたことが明らかであるとき」、同項2号の「当該発信
者情報が当該開示の請求をする者の損害賠償請求権の行使のために必要であ
る場合その他発信者情報の開示を受けるべき正当な理由があるとき」を満た
さねばならない。4条2項は、開示の請求を受けたときには、発信者の意見
を聴くことをプロバイダに義務付けている。このように、発信者情報の開示
には、厳格な要件、手続が求められている。それでも、プロバイダにとっ
て、4条1項1号の権利侵害の明白性の判断は容易ではない場合があり、権
利侵害の明白性がないと判断して開示請求に応じなかったところ、その後の
訴訟により、結果的には判断が誤っており、発信者による名誉毀損による損
害とは別途に、開示請求にプロバイダが応じなかったことにより、開示請求
者に損害が発生したとして、賠償を求められることがありうる。これに対
し、4条4項は、故意または過失を要件とする民法709条よりも責任の成立
する範囲を狭めて、プロバイダに「故意又は重大な過失がある場合でなけれ
ば、賠償の責めに任じない」ことを原則とした。

（2）　外国の法制度はどうなっているのだろうか　　まず、発信者情報の開
示制度についてみてみよう。

・・・

⊃⊃ら厶❼-1　匿名性をめぐる問題

　インターネットでの情報送受信の特徴として、迅速性、
大量性に加えて匿名性が挙げられる。確かに、誰でもア
クセスできる電子掲示板をのぞくと、ハンドルネームや
場合によってはそれすらなく、正体の知れない人物によ
る書き込みだらけである。「食べログ」などの情報掲載
サイトもたくさんあり、利用者からの評価や「口コミ」
情報が匿名で掲載される。「口コミ」とはいうがインター
ネットにアップされれば情報の拡散レベルは「口コミ」
とはいえない。これが無責任な情報発信につながり、イ
ンターネットが名誉毀損や信用毀損、プライバシー侵害
を生じやすい環境といわれるゆえんである。
　しかし、匿名の発言は悪い側面をもつだけではない。
権力への批判や内部告発など、なかなか一市民には実行
に移す勇気のもてないときでも、匿名性が確保されるこ
とで少しは敷居が低くなる。もっとも、インターネット
での匿名性というのは、見かけであり、実際にはログが
記録されており、送受信者の特定も可能なわけである（こ
のログはサーバで記録されているものであり、「閲覧履歴の削除」
をブラウザのツールを使って行っても消えません。念のため）。
　このことが悪用され、他人のパソコンを外部から操作
できるようにして、あたかもそのパソコンの所有者が送
受信したかに見せかけるという事件が2013年にはあっ
た。捜査当局も、このような真犯人の手口を見抜くこと
ができず、パソコン所有者を誤認逮捕してしまい、新聞
やテレビニュースでも大きく取り上げられた。インター
ネットのような新しい世界では、そこにふさわしいルー
ル作りが必要であるし、それを実現、確保できる技術の
開発もますます進められていかねばならない。
　なお、サイト運営者が不明なときは、いわゆる「Who is
検索」によって、IPアドレスや登録者などに関する情報を
誰でも参照できる。このようなサービスには、aguse（アグス
https://www.aguse.jp/）、（株）日本レジストリサービス（https://
jprs.co.jp/）、一般社団法人日本ネットワークインフォメーショ
ンセンター（https://www.nic.ad.jp/ja/）などがある。

EU（欧州連合）は、ネット上の違法行為全般についての規定はないが、知的財産権侵害については、「知的財産権の執行に関する指令」（2004年）により、加盟国は、知的財産権侵害に関連する訴訟手続を行うために、また、請求人からの正当化されかつ相応の請求に対して、権限を有する司法当局が、知的財産権を侵害する商品またはサービスの起源およびその流通ネットワークに関する情報が侵害者等によって提供されるよう命令できることを確保しなければならないとしている。イギリスでは、訴訟の相手方を明らかにするため裁判所から開示命令(Norwich Pharmacal Order)を取得することができる。フランスでは、裁判所から、レフェレ（わが国の仮の地位を定める仮処分に類似したもの）を取得することで、発信者情報の開示等を受けられる。ドイツでは、附帯私訴の手続のひとつとして、私訴者について、刑事訴訟における検察官と同様に第三者の保有する情報を獲得することができる権利や書類を閲覧することができる権利が認められている。

アメリカでは、仮名訴訟を提起したうえ、提訴後の証拠開示の手続(discovery)において、裁判所の発行する強制令状(subpoena)に基づき、情報を保有する第三者に対し、その開示を求めることができる。

このようにみると、各国で開示制度は存在し、その仕組みは様々であるが、日本と異なり何らかの形で裁判所がかかわっているのが特徴である。

次に、プロバイダの責任についてみてみよう。

まずEUは、2000年に「電子商取引の法的側面に関する指令」を定め、プロバイダを接続プロバイダ、キャッシング（一時保存）プロバイダ、**ホスティングプロバイダ**[3]の3種類に分け、ホスティングプロバイダは、利用者の要求により蓄積された情報について、①違法な行為・情報に関する現実の知識を有せず、かつ、それらが明白となる事実・状況の認識がない場合、②そのような知識・認識を得た際に、直ちに、当該情報の削除・アクセス停止をする場合には、責任を負わないこととされている。また、電子商取引指令においては、加盟国は、プロバイダ等に対し、自己が伝送または蓄積する情報を監視する一般的な義務を課さず、違法な活動を示す事実または状況を積極的に追求する一般的な義務を課してはならないこととされている。そのためEU加盟国のイギリス、フランス、ドイツは、EU指令の内容を実現するため、国内法を立法している。

アメリカは、「1996年通信品位法」により、インターネットなどの双方向コンピュータ通信サービスの提供者または利用者は、①別のコンテンツ提供者が提供する情報の発行者とは扱われず、また、②わいせつなコンテンツ、過度に暴力的なコンテンツ、その他好ましくないと判断したコンテンツに対するアクセスを制限するため誠実かつ任意にとった措置に関し、責任を負わないとしている。

(3) **プロバイダ責任制限法制定後、日本ではどうなったのか**　日本では、被害者には裁判所を通じなくても、プロバイダに対して発信者情報の開示請求ができるようにせっかくしたのに、プロバイダはそれだけでは開示せず、開示請求訴訟で開示を認める判決が出てから開示するという、安全確実な道が選択されるようになった。それでも、被害者に生じた損害の賠償は、4条4項の責任制限により、免れるからである。もっとも、このような事態が生じることはこの法律を作るときから予測されていた。インターネットへ

40

の発信者は、匿名であるときには向かうところ敵知らずのようにみえるが、正体がさらされるとネット上や世間で過度の批判の対象となったりするおそれもある。やはり、発信者情報の開示には慎重な態度でのぞまれるべきだろう。

なお、法律制定後、最高裁は、同法の「開示関係役務提供者」には接続プロバイダも含まれることを明らかにした（最高裁平成22年4月8日判決 最高裁判所民事判例集64巻3号676頁（以下、民集））。なぜなら、インターネットを通じた情報の発信は、接続プロバイダを利用して行われるのが通常であって、接続プロバイダは、利用者から利用料金を徴収するため、発信者の住所、氏名等を把握していることが多いこと、反面、接続プロバイダ以外はこれを把握していないことが少なくないからである。

また、プロバイダの免責に関しては、2ちゃんねる掲示板を運営するコンテンツプロバイダについて、被害者の発信者情報の開示請求を拒否したプロバイダは、侵害情報の流通による開示請求者の権利侵害が明白であることなど当該開示請求が同条1項各号所定の要件のいずれにも該当することを認識していた故意が認められるか、または上記要件のいずれにも該当することが一見明白であるのにその旨認識することができなかった重過失がある場合にのみ、損害賠償責任を負うとする（最高裁平成22年4月13日民集64巻3号758頁）。この事件の舞台となった電子掲示板のやり取りはおおむね適切な内容であったが、一言「気ちがい」という表現が入ったことにより、名誉毀損との法的評価を受けるかどうかはわからないだろうから、プロバイダが発信者情報を開示しなかったのもやむをえない事案であったといえる。

3　インターネット上の表現規制

(1)　コンテンツ規制　　わいせつ画像の公開、違法行為の依頼や仲間を募集したり、自殺仲間を募ったり、取引の禁止されている薬物や銃器を販売したり、個人情報を売買したりなど、違法または違法とはいえないが社会的に

・・

うらむ❼-2　2021年のプロバイダ責任制限法の改正について

2021年4月28日に改正プロバイダ責任制限法が公布され、2022年10月1日から施行される。

この改正の眼目は大きく2つあると言われている。

第1は、発信者情報の開示請求ができる対象の拡大である。改正前の発信者情報開示制度は、個々のインターネット通信に着眼し、したがって、開示対象となる通信はたとえば名誉毀損の通信であれば「その名誉毀損を発生させた通信」に限られていた。したがって、たとえばTwitterで、名誉毀損的な内容をツイートしたときには、まさにその通信のみが発信者情報開示の対象となった。ところが、Twitterは個々のツイートについては記録を残しておらず、アカウントにログインしたときの通信記録を保存して残している。同様の手法はFacebookやInstagramなど多くのサイトでも取られており（「ログイン型」と呼ばれる）、これでは発信者情報開示請求しても何も開示されないことになってしまっていた。そのため、裁判実務では、権利侵害的なツイートと時間的に

近接した範囲のログイン通信の発信者情報の開示も認めてきた。そこで、今回の改正では、ログイン型の場合には「侵害関連通信」についても発信者情報開示の対象とした。

第2は、裁判手続きである。本文にも記したように、被害者はプロバイダに対して発信者情報開示請求をしても、任意に応じてもらえることは少ないため、結局、コンテンツプロバイダや接続プロバイダに対する情報保全手続きを行い、裁判上の開示請求をし、発信者の情報を取得したうえで、発信者相手の損害倍償請求を行うという手間数を踏んでいた。しかし、これでは時間を要し、はなはだしい場合には通信記録の保存期間を過ぎてしまうような問題があった。そこで、発信者情報開示を裁判でプロバイダに求める際に、発信者情報開示命令、発信者情報提供命令、発信者情報消去禁止命令を一体として行えるよう改正が行われた。

好ましいとはいえない問題行為に加担してしまうようなサイトが、インターネット上には数多く存在する。いわゆる「闇サイト」、「アングラサイト」と呼ばれるものである。他人の権利を侵害すれば、民事の損害賠償責任が問われたり、削除請求の対象となる。犯罪行為に該当すれば、刑罰が科せられる。具体例として、著作権法と刑法の改正を挙げておきたい。

インターネット上の情報が民事責任の問題になるのは、なにも他人の名誉毀損が行われた場合に限らない。たとえば、他人の撮影した写真を勝手に自分が作成する広告ポスターに使用すれば、写真の著作権を侵害することになるが、自分が開設しているホームページやブログに他人の撮影した写真を無断で使用する場合にも同じ問題が生じる。著作権法はこの問題に対応するため、自動公衆送信（著作権法2条9号の4）や著作権として公衆送信権（同法23条）を定める。他人の著作物を無断で公衆送信することは、著作者の有する著作権の侵害になる。

わいせつ物頒布に関する刑法175条も改正された。それにより、わいせつな電磁的記録に係る記録媒体その他の物を頒布し、または公然と陳列した者は、2年以下の懲役、250万円以下の罰金もしくは科料に、または懲役と罰金をあわせて科される（2022年6月の刑法改正につき、4章を参照）。有償で頒布する目的で上記の物を所持し、または電磁的記録を保管した者も同様の刑罰を科される。

(2)　**アクセス規制**　(1)でみたように、情報の内容からインターネット上にアップされることに問題があると考えられる場合があるほか、特に青少年には、特定のサイトや情報にはアクセスを認めることが好ましくないと考えられる場合がある。そこで、青少年保護の観点から、立法による対応も行われてきている。

2003年には、「出会い系サイト規制法」が制定された。同法3条1項は、「インターネット異性紹介事業者」（出会い系サイト事業者）は、児童による出会い系サイト利用の防止に努めなければならないとし、3条2項と4条では、「インターネット異性紹介事業に必要な電気通信役務を提供する事業者」つまり携帯電話事業者や、児童の保護者は出会い系サイトへのアクセスを制限するフィルタリングソフトの提供と利用に関する努力義務を課している。

また、2009年には、「青少年インターネット環境整備法」が定められた。本法はフィルタリングソフトの性能を向上させることや、その利用の向上を国や事業者に課している。「青少年をインターネット上の有害情報から守る」ことが目的である。青少年有害情報とは、「インターネットを利用して公衆の閲覧……に供されている情報であって青少年の健全な成長を著しく阻害するもの」で、犯罪や自殺を誘引する情報、著しく性欲を興奮・刺激する情報、殺人・処刑・虐待の描写のような著しく残虐な内容の情報である。そして、携帯電話会社には、青少年の携帯電話に対し、フィルタリングサービスの提供が義務付けられ、インターネット接続業者は、利用者からの求めがあればフィルタリングサービスを提供することが義務付けられ、メーカーには、パソコンなどのインターネットを利用できる機器の販売に際してフィルタリングソフトの利用が可能な措置を講じることが求められている。

青少年によるネットへのアクセスの規制は、「出会い系サイト規制法」のように、特定のコンテンツへのアクセス制限を事業者や保護者に義務を課す

場合と、「青少年インターネット環境整備法」のようにフィルタリングできる環境整備を進めて、どんな内容をフィルタリングするのかは利用者（本人や青少年の保護者ら）の判断に委ねるという2つの方向がとられている（共同規制と呼ばれる）。フィルタリングの方法としては、安全と思われるサイトにのみアクセスできるホワイトリスト方式、逆に、指定された有害サイトのみアクセスできなくするブラックリスト方式、そのほか、夜間のアクセスを制限する利用時間制限などがある。

4　外国のプロバイダが介在したらどうなるのだろうか

インターネット上の名誉毀損に話をもう一度戻そう。コンテンツプロバイダが提供する電子掲示板やポータルサイトにあなたの名誉を毀損するような書き込みが行われたら、プロバイダに発信者情報の開示請求や、発信者本人やプロバイダへの削除請求や損害賠償請求がありうることについては、本書❺❼でふれてきた。しかし、インターネットは世界中を1つにつないでいる。外国のプロバイダが関与していたらどうなるのだろうか。

この場合の名誉毀損にはどこの国の法律が適用されるのか。発信者やプロバイダの損害賠償責任は、民法の不法行為（709条）に基づくものであるから、**法適用通則法**19条によると、被害者の常居所地（法人の場合は主たる事務所所在地）が適用される。しかし、プロバイダへの削除請求は、実際にプロバイダが削除などの管理行為を行うことになるプロバイダの常居所地または主たる事務所所在地の法律が適用されることになると考えるべきだろう（同法20条）。外国に主たる事務所が所在するプロバイダの場合、日本法は適用されないことになる。

また、プロバイダ責任制限法4条に基づき発信者情報開示請求を裁判で行う場合には、プロバイダが実際に接続業務やサービスの提供業務を行っている場所の法が適用されるべきであろう。

▸▸ 4　法適用通則法
何らかの形で外国がかかわる民事事件を「渉外事件」というが、渉外事件について裁判を起こす場合に、どこの国の裁判所に裁判を起こせるのかという国際裁判管轄の問題を生じる（国際民事訴訟法の問題である）。かりに、日本の裁判所に裁判管轄があるとしても、外国のかかわる事件だから、日本法が適用されるのか、関係の外国法が適用されるのかを決めなければならない（適用される法のことを準拠法という）。これについては、「法の適用に関する通則法」が定めている（国際私法の問題である）。現行法は2007（平成19）年1月施行であり、それ以前は「法例」という法律であった。たとえば、法適用通則法17条は、不法行為の準拠法は原則として加害行為の結果が発生した地の法であるとするが、19条で名誉や信用毀損の不法行為の場合の特例を定め、被害者の常居所地法によるとしている。

コラム❼-3　フィルタリング機能の限界

有害サイトやアプリを制限するためにフィルタリング機能があるが、利用率は伸び悩んでいるという。内閣府が2021年3月に発表した「青少年のインターネット利用環境実態調査」（http://www8.cao.go.jp/youth/youth-harm/chousa/）によると、2017年度小学生では29.4%、中学生では58.1%、高校生では95.9%がスマホを持っており、1日の平均利用時間は小学生でも1時間半を超え、高校生では3時間半以上になるという。

これに対して、2015年度のフィルタリング利用率は携帯電話（フィーチャーフォン）がおよそ64%なのに、スマホは20%程度低く、45%強である。というのも、青少年インターネット環境整備法17条は携帯電話の使用者が青少年の場合にフィルタリング利用を条件としてサービス提供することを通信事業者に義務付けているにすぎないからである。ところが、スマホを実際に利用する青少年は、毎月の容量限度に達しないように、Wi-Fiでのインターネット接続で使用する。このWi-Fiやアプ

リによるインターネット接続は、携帯電話ネットワークと異なり規制の対象になっていない。このような実態も踏まえ、青少年インターネット環境整備法を、インターネット接続についてもフィルタリングを義務付けるようにする改正が行われた。

その必要性はあろうが、それと並んで、小学生、中学生、高校生のそれぞれにどのようなフィルタリングが必要なのかも吟味されていくべきである。不適当な規制は潜脱行為を招くだけであろう。

きめ細かな対応ができるべきであるが、青少年インターネット環境整備法が対象とする18歳未満の青少年のうちでも年少の小学生らに推奨されるホワイトリスト方式は、携帯電話の場合なら、携帯電話会社の指定した公式サイトへのアクセスのみが許されるのである。他方、ブラックリスト方式は、フィルタリングリスト提供会社のカテゴリーを携帯電話会社がカテゴリー単位で指定をするという方式をとっているにすぎない。

8 サイバースペースでの商取引には どんな法律が適用されているのだろうか

> **設例** 先日、ネットを検索していたら、以前から欲しかったブランドのバッグを市価の半額程度で販売しているショップを見つけた。早速、オンラインで注文して、代金2万円をクレジットカードで決済した。1カ月ほど後になって、やっとバッグが届いたが、縫製が雑だし、何よりもブランドのロゴが通常のものとは違う。どうやらブランドバッグをコピーした偽物のようである。連絡先の住所を商品に同封されていた送り状で確認したところ、ネットショップの住所が中国で、外国から送付されたことに初めて気がついた。何か対策はないだろうか。

1 サイバースペースでの商取引の広がりと消費者トラブルの実態は?

（1） **インターネット利用の現状**　インターネットへの接続は特別なことではない。パソコンはもちろん、スマートフォンなどを使って電車で移動中にもネットにアクセスすることができる。[1]新たに5G通信も利用できるようになって、手軽に高速な接続を利用する環境も整ってきている。ネットは、いまや生活に必須のインフラになっている。[2]

家庭からのネット利用としては、電子メールの送受信、SNS（ソーシャルネットワーキングサービス）の利用、情報検索がいずれも70%程度、また、商品サービスの購入や動画の投稿も50%を超えて利用されている。

（2） **サイバースペースでの商取引の広がり**　サイバースペースでの商取引は、大きくBtoB-EC（事業者間電子商取引）とBtoC-EC（消費者向け電子商取引）に分けることができる。いずれも、その市場規模は拡大し続けていて、令和2年度のBtoB-ECは約335兆円で、ネットを介して商取引（受発注）が行われている割合であるEC化率は33.5%に達している。一方、BtoC-EC（以下、便宜的にネット通販という）は、19.3兆円の市場規模、EC化率は8.08%である。定型的な企業間取引に比べると、消費者の取引はそれぞれ個別に異なるものであり、その普及率はまだまだのようにもみえる。もっとも、その市場規模は着実に増加している。2020（令和2）年度は、コロナ禍の影響で、旅行やチケット販売が60%減になったため初めて金額は減少したが、EC化率は上昇している。わが国の大手コンビニ10社の年間売上額が約10兆円であることと比較しても、ネット通販は消費者の購買手段として無視できないものになっていることがわかる（経済産業省「令和2年度「電子商取引に関する市場調査」報告書」）。

ネット通販の普及によって、私たち消費者は多様な商品やサービスを購入することができるようになった。たとえば、本来は遠くまで出かけなければ手に入らない地域の産品であっても、直接購入することができるようになった。ネットを通して予約した電車の指定券は、乗車する直前まで、手数料を

→1　令和2年度『情報通信白書』では、2030年代のわが国の経済や社会の将来像を「5Gの生活への浸透とともに、AI・IoTの社会実装が進むことによって、サイバー空間とフィジカル空間が一体化するサイバー・フィジカル・システム（CPS）が実現し、データを最大限活用したデータ主導型の「超スマート社会」に移行していくこととなる。」と記述している。

→2　総務省が毎年発行する『情報通信白書』は、総務省のホームページ（http://www.soumu.go.jp/johotsusintokei/whitepaper/）でその内容を確認することができる。2020年のインターネット利用率（個人）は83.4%、端末別にはスマートフォンが68.3%、パソコンが50.4%となって、モバイルでの利用の割合が増えている（『令和3年版情報通信白書』307頁）。

かけることなく変更することができる。ネット通販の広がりが私たちの生活を豊かで多様なものにしていることに疑いの余地はない。

（3）　ネット通販をめぐるトラブルの現状　　ただ、ネット通販の市場の拡大に伴って、それに関する消費者からの苦情や問い合わせも増加し続けている。どうやら便利さの裏には、トラブルの種が隠れているようである。

各地の消費生活センターに寄せられたネット通販に関する苦情や相談は、2013年度には20万件を超え、その後も年20万件を超える相談が寄せられている[3]。ネット通販の経験者で、過去3年間にトラブルの経験を有する人の割合は12%。そのトラブルのうち「偽物や粗悪品が届いた」という相談が半数を超えている[4]。対象となる商品は、洋服、履物、かばん、アクセサリー等の被服品が41.4%、腕時計やスポーツ用品等の教養娯楽品が25.5%を占めている。また、ネット通販利用者の13.9%が海外からの購入経験があり、そのうちの8.6%がトラブルを経験していると報告されている。わが国の消費者向け越境ネット通販の市場規模は2兆円を超えた。その国別内訳は、中国が1兆6,558億円、米国が9,034億円を占めている。ネット通販の取引では、ホームページの記述が日本語でなされている例も多く、国境や言葉はほとんど障壁になっていない。

2　ネット通販に法はどのような対応をしているのだろうか

（1）　ネット通販は、通信販売の一類型として特定商取引法の適用を受ける。
ネット通販を規制する法律として、特定商取引に関する法律（以下、特商法という）がある。この法律は、訪問販売など7つの取引類型を規制対象とする法律であるが、その規制対象取引類型に通信販売が含まれている。特商法では、通信販売とは「郵便その他の主務省令で定める方法」で売買契約または役務提供契約の申込みを受けてする取引とされている（特商法2条2項）。省令で定める方法には、典型的な郵便や電話等に加えて、「情報処理の用に

▶▶3　国民生活センターのホームページでは注目情報として「インターネットトラブル」という項目が挙げられている（http://www.kokusen.go.jp/soudan_now/data/internet.html）。

▶▶4　消費者庁「インターネット調査（消費生活に関する意識調査）2013年度」（消費者庁『平成26年度版消費者白書』http://www.caa.go.jp/adjustments/index_15.html）。平成26年度版消費者白書では、「情報社会の発展と消費者問題──ネット社会に消費者はどう向き合うか」という特集が組まれている。

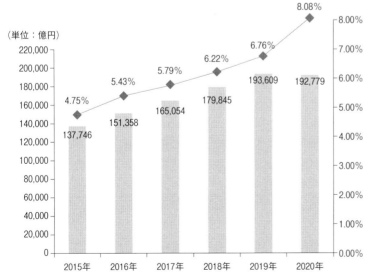

資料❽-1　日本のBtoC-EC市場規模の推移

（単位：億円）

EC市場規模（左目盛）　◆─物販系EC化率（右目盛）

出所：経済産業省ホームページ「電子商取引に関する市場調査」

資料❽-2　国民生活センター「PIO-NET」に登録された相談件数の推移

年度	ネット通販相談件数	ネットオークション相談件数
2018	201,607	6,217
2019	226,117	5,234
2020	280,861	4,932
2021	156,772（前年同期200,858）	2,737（前年同期3,331）

※相談件数は、2021年12月31日現在
出所：国民生活センターホームページおよび消費者庁『令和2年版消費者白書』

供する機器を利用する方法」が挙げられている（省令2条2号）。ネット通販も、パソコンやスマートフォン等、情報処理の用に供する機器を利用して、商品の購入やサービスの提供を申し込むわけであり、通信販売の一類型として特商法が適用される。

　ネット通販に限ったことではないが、通信販売は対面取引とは異なり、契約の相手方と会ったり、商品を直接手にとって確認したりすることが困難な取引である。そこで、特商法の通信販売に関する規制では、第1に、広告に記載すべき商品や事業者に関する事項を明確にさせることに焦点が当てられている。通信販売業者は、その広告に、販売価格やサービスの対価、代金の支払時期や方法、商品の引渡し時期、返品の可否とその期間、販売業者の名称や住所、電話番号などの連絡先、加えて**ネット通販**の場合には、販売業者の代表者または業務責任者の氏名、販売業者等の電子メールアドレスを記載しなければならない（特商法11条、省令8〜10条）。なお、通信販売には、特商法の他の6類型の規制対象取引には定めがあるクーリング・オフの規定がない。ただ、返品の可否やその期間を広告に記載していない場合には、商品の引渡しから8日間は返品が可能とされている（返品条項。特商法15条の2）。また、誇大広告の禁止（同法12条）や承諾をしていない者に対する電子メール広告の送信の禁止（同法12条の3）など、通信販売に固有の規定もある。

　ネット通販での広告には、商品などの詳細を記載した画面そのものが該当する。消費者としては、まず何よりも商品や提供されるサービスの詳細や通信販売業者がどのような事業者で、所在や連絡先はどうかなどを、画面の記載を通して確認することが重要である。逆にいえば、商品やサービスの記載が不明確であったり、通信販売業者の連絡先住所がたとえば都道府県までしか記載されていないなど連絡先として不十分な場合には、その信頼性に疑問をいだくべきだともいえる。

　(2)　**ネット通販での契約の成立に関する法律ルールは？**　ネット通販であっても、その取引は売買契約やサービスの提供契約の締結を通して行われることに変わりはない。その限りで、法的には、原則として契約に関する民法が適用される。もっとも、ネット通販に対する民法の適用や解釈については、必ずしも明確ではない部分が残されている。そのひとつの考え方を示すものとして、**経済産業省「電子商取引及び情報財取引等に関する準則」**（以下、準則という）が制定されていて、実務的にはネット通販はそこに定められた考え方を尊重して行われる必要がある。この準則は、ネット通販の技術や取引環境の変化、民法など法律の改正あるいは苦情や相談事例の状況などに対応して、数次にわたって改正が続けられている。

　また、消費者に対するネット通販に関する民法の適用を修正する法律として、電子消費者契約及び電子承諾通知に関する民法の特例に関する法律（以下、電子消費者契約法という）がある。

　電子消費者契約法は、ネットでの契約について民法の錯誤（民法95条）の適用を修正している。民法は、意思表示が法律行為の目的及び取引上の社会通念に照らして重要なものの錯誤によるときには、その意思表示を取り消すことができると規定している（民法95条1項）。もっとも、錯誤が表意者の重大な過失（**重過失**）による場合には、錯誤を理由とする意思表示の取消しができない（民法95条3項）。電子消費者契約法は、事業者が電磁的方法により

➡**5**　ネット通販に限って、代表者または業務責任者の氏名を明示することが求められるのは、その「くもがくれ」による被害を防止することが目的である。一方で、たとえば広告の表示事項を遅滞なく電磁的記録によって提供する場合には、その詳細を省略することができる。その場合には、参照すべき電磁的記録の種類と表示方法（リンク先等）を明示することが必要だと考えられる。

➡**6**　経済産業省の準則は、「電子商取引の推進」（http://www.meti.go.jp/policy/it_policy/ec/）というホームページで過去の改正履歴を含め、最新版を確認することができる。なお、2016（平成28）年6月には、未成年者の意思表示、ユーザー間取引（インターネットオークションやフリマなど）などに関する重要な改訂がなされている。また、民法の改正を受けて、2020（令和2）年8月にも改訂されている。

➡**7**　**重過失**
　わずかな注意を払えば、その結果（ここでは勘違い）を回避することができたのに、漫然とこれを見逃した程度の著しい注意義務違反のこと。

その映像面を介した確認の措置を講じていない限り、重過失に関する民法95条3項を適用しないとしている（電子消費者契約法3条）。

　たとえば、ネット通販で書籍を1冊だけ注文しようとしたとする。その申込みの際に、注文画面で個数を誤って記入あるいは選択した場合に、その売買契約を錯誤を理由として取り消すことはできるのであろうか。個数の入力ミスが注文者の重過失と判断される可能性は否定できない。しかし、電子消費者契約法によれば、ネット通販では申込みの画面の後に注文内容とその意思とを確認する画面を提供していない場合には、重過失に関する民法95条3項を適用しないとしている。つまり、消費者は、確認の画面が提供されていない場合には、個数を誤ってした注文の意思表示を、錯誤を理由に取り消すことができることになる。事業者がこのリスクを回避しようとすれば、消費者が注文内容とその意思とを確認できる画面を提供することが不可欠になる。それは、対面取引とは異なるネット通販での意思確認の基準でもある。そして、結果的に消費者の注文間違いを減らすことで、事業者にとってもそこから生ずるリスクを低減することにつながる。

　特商法にも、ネット通販の契約の申込みに関する規定がある。たとえば、ネットでアダルトサイトを運営する悪質な事業者のなかには、消費者が無料だと勘違いして画面上のボタンをクリックしたり、動画を再生しようとしてボタンをクリックさせたりすることで、契約の申込みが完了したとして、形式的な承諾とともに直ちに金銭の支払いを求めてくるとの被害も生じている。[8]

　特商法は、通信販売に関する禁止事項として、顧客の意に反して通信販売に係る契約の申込みをさせようとする行為を定めている。そして、その違反行為に必要な措置を講ずることを行政が求める指示の対象事項とする（特商法14条）。さらに、経済産業省は「インターネット通販における『意に反して契約の申込みをさせようとする行為』に係るガイドライン」（平成13年10月23日）を定めて、推奨される意思の確認方法を具体的な画面の例とともに[9]

➡8　国民生活センター「アダルトサイトの相談が年間10万件を突破」2015（平成27）年4月23日（http://www.kokusen.go.jp/news/data/n-20150423_1.html）。全国の消費生活センターに寄せられた平成26年度の相談件数は、106,279件。そのうちスマートフォンによるものが47,515件と急激に増えている。また、代金を既に支払ってしまった相談は3,802件で、その平均支払額は約27万円に達している。

➡9　特商法の規制に反する事業者に対しては、その監督官庁である消費者庁あるいは経済産業省またはその権限の委任を受けた都道府県知事によって行政処分が科されることになる。特商法に規定されている通信販売にかかる行政処分としては、業務の改善を求める「指示」（業務改善命令）および業務停止命令がある。

資料❽-3　消費者の意思表示の最終確認画面の例

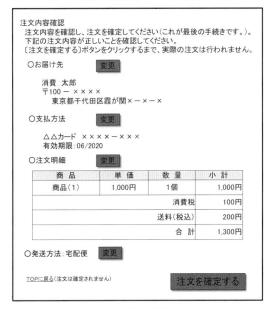

出所：消費者庁ホームページ「特定商取引法ガイド」

明らかにしている。

　ネット通販では、契約条件や商品やサービスの詳細が画面を何度もスクロールしなければ確認できないこともめずらしくない。一方で、商品などの購入申込みは、画面上のボタンをクリックすれば、それだけで簡単にできてしまう。最近は、「お試し（定期購入）商法」といって、安価あるいは無料でのお試しが可能である旨を最初にめだつ形で表示をして、契約を勧誘する商法が問題になっている。画面をスクロールしていくと、最後の方に、お試しの条件としてたとえば3カ月間の継続した購入が必要であるとされていて、最初の購入だけがお試し価格であることが記載されている。2回目の商品が送付されてきて初めて消費者は、締結した契約がお試し期間だけでは終わらないことに気づくことになる。令和3年の特商法の改正で、定期購入ではないと誤認させるような表示について直罰規定が定められる（特商法12条の6、70条）とともに、それで誤認をして締結した契約を消費者が取り消すことができることになった（特商法15条の4）。この改正は、令和4年6月1日から施行されており、今後、こうした被害が減少することが期待される。もっとも、基本的な契約内容を確認することは、依然、消費者がネット通販を利用するについて重要であり、そうしたセンスが問われていることに変わりはない。

3　国境を越えるネット通販の実際と被害救済の実際

　ネット通販では国境や言語の違いは、必ずしも大きな障害にはならない。ネット通販の基盤となるインターネットそのものが、国境を意識したものではない。私たちは、ネット通販の事業者がどの国にあっても、商品の購入が可能である。それは、世界中の商品を自宅のパソコンや手の中のスマートフォンを通して購入できるという意味で、画期的なことだといえるだろう。

　もっとも、国際的なネット通販でもトラブルは増加している。そして何らかのトラブルが生じた途端に、国境は様々な問題を消費者に投げかけてくる。[10]

　まず、準拠法の問題[11]が生ずる。ある契約に複数の国の当事者がかかわる場合に、どの国の法律が適用されるのかという問題である。2006年に成立し、施行された「法の適用に関する通則法」（以下、通則法という）では、準拠法は契約当事者が定めることができるとし（通則法7条）、定めていない場合には、その契約と最も密接に関係する地（最密接関係地）の法律によるとする（通則法8条）。契約の給付が履行される場は、通常は販売事業者の所在地である。したがって、事業者の所在地が最密接関係地と推定されて、その事業者の事務所所在地法が適用されることになる。もっとも、消費者契約には例外が規定されている。消費者が居住する法律の強行規定を適用する旨を事業者に表示すれば、その範囲では消費者の常居所[12]地法の強行規定を適用することができる（通則法11条1項）。たとえば、特商法の通信販売に関する返品条件に関する条項は、当事者がその適用を排除することができない強行規定である。ネット通販で日本以外の国の事業者と売買契約を締結した事案であっても、消費者が主張すれば、その契約にわが国の特商法を適用することが可能になる。裁判をする場所である国際裁判管轄にも、消費者契約に関する定めがある。民事裁判では、原則、被告の住所地が国際裁判管轄とされる（民事訴訟法3条の2）。もっとも、消費者契約に関する訴えについては、訴えの提起時

⇥10　国境を越えるネット通販のトラブルの実際をわかりやすく語る論文として、原田由里「国境を越えるネット上の消費者トラブル事例」Web版国民生活2014年1月号（18号）9頁（http://www.kokusen.go.jp/wko/data/wko-201401.html）。また、消費生活センターでのこの問題の現状を分析する調査報告として、国民生活センター「消費生活相談員を対象とした『越境消費者取引の相談対応等に関する調査』」2015年3月31日（http://www.kokusen.go.jp/news/data/n-20150331_1.html）がある。

⇥11　準拠法の問題をわかりやすく論ずるものとして、道垣内正人「国境を越える消費者トラブルの法的解決」Web版国民生活2014年1月号（18号）1頁（http://www.kokusen.go.jp/wko/data/wko-201401.html）。

⇥12　常居所
　人が通常居住している場所のことをいう。わが国に居住している消費者には、日本法の強行規定を適用できることになる。

または消費者契約締結時に、消費者の住所が日本にあれば、日本の裁判所に国際裁判管轄が認められるとされている（同法3条の4第1項）。

　国境を越える消費者の被害を救済するための効果的な仕組みの構築は、より深刻な課題である。設例では、偽物のブランドバッグを販売した事業者は外国、おそらくは中国で営業をしている。相談をするにせよ、問題解決のために事業者に関する基本的な情報を確認するにせよ、わが国の中だけでこの問題を取り扱うだけでは必要な最低限の情報すら得ることが困難である。それでは、問題解決の端緒すらないまま、結局は泣き寝入りすることになる。一方で、ネット通販では、外国に所在する事業者が日本の消費者への販売のために、日本語でホームページを開設していることもめずらしくない。その際には、トラブルになるまで、相手方事業者が外国にあることを認識していない場合もありうる。[13]消費者庁では、国境を越える消費者問題の相談窓口として、2011年11月に**消費者庁越境消費者センター**を開設し、2012年4月9日から海外にかかわる取引トラブルの相談を受け付けてきた。この事業は、2015年度からは、**国民生活センター越境消費者センター**（Cross-border Consumer center Japan：CCJ）[15]に引き継がれ、2015年6月1日から相談の受付が開始されている。国民生活センターCCJでは、海外の15消費者相談機関と連携して、国境を越えた消費者被害救済についての情報を相互に交流して、その解決を図っている。たとえば、CCJには2020年度、4919件の相談が寄せられている。そのうち99.3％がネット取引に関するもので、その顕著な相談としては契約の解約を求めるものが約53％であるが、商品未到着が約8％、模倣品も約5.5％を占めている。相手方事業者の所在地は、アメリカ15％、中国7％、イギリス5％で、事業者の所在国も多様化してきている。また、消費者庁は、悪質な海外ウェブサイトとして、556サイトの名称などを公開し（2021年7月1日）、消費者に注意を喚起している。[16]

➡13　国民生活センターの調査によれば、相談者が海外サイトと認識していなかった事例が相談件数の73.3％に達している。また、国民生活センター「SNSの広告で購入した化粧品で思わぬ請求が！──日本語のサイトでも契約先は海外の詐欺的事業者！？」2015年8月18日（http://www.kokusen.go.jp/news/data/n-20150818_1.html）。

➡14　CCJの活動の概要については、矢井知章「国境を越える取引に関する消費者相談の概要」Web版国民生活2014年1月号（18号）5頁（http://www.kokusen.go.jp/wko/data/wko-201401.html）。

➡15　国民生活センター越境消費者センター（CCJ）（https://www.ccj.kokusen.go.jp/）。

➡16　消費者庁「悪質な海外ウェブサイト一覧」（2021年7月1日時点）（https://www.caa.go.jp/policies/policy/consumer_policy/caution/internet/assets/consumer_policy_cms105_210701_01.pdf）

資料❽-4　国民生活センターCCJが提携する海外の消費者相談機関（2021年1月現在）

国・地域	機関名
アメリカ、カナダ・メキシコ	BBB（Better Business Bureaus）
韓　国	韓国消費者院（Korea Consumer Agency：KCA）
台　湾	SOSA（Secure Online Shopping Association）
	消費者文教基金会（Consumers' Foundation, Chinese Taipei）
シンガポール	シンガポール消費者協会（Consumer Association of Singapore）
マレーシア	マレーシア消費者苦情センター（National Consumer Complaints Centre, Malaysia）
ベトナム	EcomViet（Vietnam E-commerce Development Center）
フィリピン	フィリピン共和国貿易産業省（Department of Trade and Industry）
タ　イ	消費者保護委員会事務局（Office of the Consumer Protection Board）
ロシア	Center for Mediation and Law（Scientific and Methodological Center for Mediation and Law）
イギリス	公認取引基準協会（Chartered Trading Standards Institute）
香　港	香港消費者委員会（Consumer Council of Hong Kong）
スペイン・南米11カ国（注）	ODRLA（ODR Latinoamerica）
エストニア	エストニア共和国（Consumer Protection and Technical Regulatory Authority）
ラトビア	ラトビア共和国（Consumer Rights Protection Centre）

注：アルゼンチン、ブラジル、コロンビア、ベネズエラ、ペルー、パラグアイ、メキシコ、チリ、ボリビア、ウルグアイ、コスタリカ
出所：国民生活センター越境消費者センター（CCJ）ホームページ

電子データの真正性・完全性はどうやって証明されるのだろうか

> **設例** これまでにも出てきたような電子メールや電子掲示板の書き込み、そして元々のデジタルデータは、気づかれることなく改変・改ざんされることが容易であり、その作成者または責任者もデータのみからは突き止められないことが一般的である。法学部生 A は、こうしたデジタルデータや電子文書が信頼できるのか、できるとしてどういう手段によって可能なのか、また法制度として対応はされているのかについて根本的な疑問をもっている。そこで、友人 B とともに、勉強してみることとした。

1 デジタルデータ・電子文書の特徴

(1) **デジタルデータの特徴** デジタルデータは、紙の文書と異なり、痕跡を残さずに改変・改ざんすることが可能であり、また作成者またはその内容についての責任者を特定し作成時を確定することは一般的には困難である。紙の文書についてあるはずの原本とコピー（複写物）との違いがデジタルデータについては区別できず、作成者等、作成日時等についての確認や特定も一般的にはできない。こうしたデジタルデータの特性は、デジタルデータのみを、商取引や医療行為などの活動、さらには行政手続の基礎として用いるなど、その根拠・証跡としての重要性を要する様々な社会的活動の基礎とする際に法的な障害になってきた。こうした特性は、デジタルデータが、訴訟の証拠となり、あるいは行政による様々な検査等の対象となるなどの際に、証拠としての性質を争われ、あるいはその証拠としての証明力が否定されうる原因である。このように、デジタルデータ自体のみでは、その改竄・改変が疑われ、あるいはデジタルデータの作成者・責任者が否定され、それらのなりすましが否定できないとすれば、強力な証拠としての役割を十分に果たしえないことになってしまう。

(2) **デジタルデータへの要求事項** 従来からの紙の書類による商取引や裁判、また、行政による様々な規制対象として帳簿の整備や書類の保存等を義務付けている現行の法制度は、紙の書類がもつ改ざん・改変の発見されやすさや署名押印や筆跡による作成者・責任者の特定がされやすいことを前提として、紙の帳簿や書類の整備・保存を前提としてきている。こうした従来からの伝統を前提とすれば、デジタルデータの証拠としての証明力を確保し、行政との関係においても紙の帳簿・書類に代えてデジタルデータを利用するためには、デジタルデータについて、そのデータの入出力の正確性を確保するとともに、データの改変を防止し、または改変の検出を可能とすることなどによりデジタルデータの信頼性を高め、これに対する責任の所在を明らかにする必要がある。そのためには、紙の書類の内容、性格に対応して、

デジタルデータの真正性[1]、見読性[2]および保存性[3]を確保し、いわば紙の書類の原本[4]としての性質と同様の機能を確保する必要があると考えられてきている。従来から電子的な保存が認められて来た税務関係帳簿については、電子帳簿保存法（電子計算機を使用して作成する国税関係帳簿書類の保存方法等の特例に関する法律、平成10年3月31日法律第25号）が制定され、きわめて厳格な要件により電子保存が許容されてきた。またいわゆる電子カルテ、すなわち医療機関の診療録等についても、法律にはよらないが通達によって電子化を推進する姿勢が示されている。そこでは、いずれも真正性、見読性、保存性の確保といった、デジタルデータならではの留意事項の遵守が重要なものとして求められてきている。

2　電子署名とタイムスタンプ（時刻認証）

　さらにここでは、デジタルデータの真正性をどのように検証し確認していくのかが重要になる。その際、特定のデジタルデータについて、真の作成者が作成した真のデータであるかどうか、さらにはそのデータがいつの時点に作成され存在していたのかどうかが第三者の目から見ても客観的に検証できることが重要であるが、一般的には、特定の情報処理技術を利用することなしには、これらの点について検証することはきわめて困難であるとされている。

　ここで重要な点は、(i)デジタルデータの作成者・責任者（署名者）を検証し真正な作成者・責任者による文書であるかどうかを検証することができること（真正性[5]、authenticityの確認）、(ii)作成時のデータから改ざん・改変や脱落などの変更がないという完全性[6]（integrity）を確認することができること、さらに場合によっては(iii)作成時等の日時を特定すること（時刻証明、time stamping）が、必要であり、そのための基礎的技術として実用化され、法制度上も認められているのがデジタル署名技術（以下、電子署名技術という）であり、法制度の基礎こそないものの実用化されているのがタイムスタンプ

→1　真正性
　ここでは、データが本物であって、偽物でないこと、元々のデータから改ざん・改変されていないことを意味する。

→2　見読性
　デジタルデータは、データそのものを人が目視してその内容を認識することはできず、コンピュータでデータを読み取りディスプレイに投影して人が目視できることを要する。この要件を見読性という。

→3　保存性
　デジタルデータがハードディスクや保存用の磁気テープなどに記録されて、長期間、読み出しが可能なことを保存性という。

→4　原　本
　一定事項を表示するため確定的なものとして作られた文書のことで、謄本・抄本等の基になる文書のことをいうなどと定義されている。この「原本性」、「原本」についての確定した定義はないが、証拠または根拠として裁判やその他の社会的活動の根拠として認められるのが原本であり、こうした性質を有することを原本性とここでは表現している。

→5　真正性
　ここでは、デジタルデータが、真の作成者により作成されたものであるかどうか、または真の責任者によりその内容についての責任がもたれているものであるかどうか、について、真正なものであるという性質を意味している。

コラム❾-1　タイムスタンプ

　電子データの認証をめぐっては、本文で取り上げた電子署名以外にも、重要な認証がある。電子署名では、署名が付されたデータの完全性と、署名を誰が行ったかを検証する機能が実現される。それに対し、タイムスタンプ（デジタル・タイムスタンプ。ファイルの作成時刻をコンピュータが付すファイル自体の日時とは異なるので注意が必要である）は、電子データの存在日時を第三者機関が認証する仕組みであり、そのために当該データが改変されていないこと（完全性）とともに、当該データの存在日時を第三者機関が電子署名付きで証明したり、当該データの存在日時を証明するためにデータのハッシュ値を保存して証明に備えて、個別データの証明をするなどの方式をとるのがタイムスタンプという認証手段である。

　リアルな世界でもバーチャルな世界でも、誰が（Who）何を（What）いつ（When）したかといういわば3Wは、取引や手続等で不可欠となる要素であるといってよいが、電子署名だけでは、WhoとWhatは証明できても、When

については信頼性ある証明ができない。たとえば、パソコンの時計設定を変更することにより、簡単にファイルの作成日時等は改変可能であるが、タイムスタンプを利用することによって、日時の改変があったらその検出ができることとなり、客観的な日時の証明が可能なデータの利用ができることとなる。したがって、電子署名とタイムスタンプは、組み合わせて双方を利用することが合理的であり、そのため、多くの国の電子署名法ではタイムスタンプについての規定も置いて、タイムスタンプの信頼性を高めるための法制化をしている。わが国でも、公証人が行う電子的な確定日付の付与については、法的に認める規定がある（公証人法7条の2、民法施行法5条2項）。

　わが国でも、総務大臣の告示（時刻認証業務の認定に関する規程〔令和3年総務省告示146号〕）に基づいて、安全で信頼性あるタイムスタンプサービスの評価をし、認定を行う制度が創設されて、法的にもそれを利用させることを認める例がある（コラム❿-2）。

⇥ 6　完全性

　元々のデジタルデータから改ざんや改変あるいはデータの脱落等がなく、完全に同一のデータであること。

⇥ 7　公開鍵暗号

　暗号化（元々の文（平文）を人が認識できない文に変換するプロセス）と復号化（元の文に戻すプロセスを復号化という）に利用される暗号鍵が１個のデータからなる共通鍵暗号に対して、公開鍵暗号は、唯一のペアをなす暗号鍵が生成・利用されるが、それらペアをなす暗号化鍵のうち、片方の暗号鍵で暗号化をしたデータは、ペアになっているもう片方の暗号鍵でなければ元の文に戻せないという特徴をもつ暗号技術。

⇥ 8　ハッシュ関数

　様々なデータを処理することにより、一方向的に、固定長の文字列＝ハッシュ値（データ）を生成する関数。元々のデータがまったく同じであれば、ハッシュ値は同一となるが、元のデータが１ビットでも異なっていると、まったく異なったハッシュ値を生成する。ハッシュ関数は、デジタル署名のプロセスに組み込まれて実用化されており、デジタル署名の検証のプロセスで、元のデータのハッシュ値の比較による完全性の検証もなされることになっている。

（時刻認証）技術である。

　デジタル署名技術を利用する方法では、前述の(i)から(iii)の機能のうち、(i)については、署名を行った者が、真に誰であるかを特定する（署名者の特定）ために、信頼しうる第三者機関たる認証機関（Certification Authority；CA、認証局ともいう）が、あらかじめ本人確認をしたうえで同人の公開鍵を登録し、電子証明書（公開鍵証明書）により同人の公開鍵（紙文書では実印にあたると考えてよい）であることを証明する。そしてまた、電子署名技術を利用して署名の検証をすることにより、データの作成等の責任者を特定しその真正性を証明する。この際、電子署名においては、非対称暗号（公開鍵暗号[⇥7]）技術が使われており、一対の唯一対応する鍵ペアを利用して、一方の暗号鍵（暗号データ）で暗号化されたデータは、もう片方の鍵でなければ復号できない（暗号化前の状態に戻せない）という性質が技術的に利用されている。鍵ペアの一方は、秘密鍵として署名者本人が秘密裏に厳格に管理し、他方の鍵は公開鍵として、署名される原データに公開鍵データを含む公開鍵証明書が添付されるなどする。そして第三者がその公開鍵を利用して、暗号化されたデータを復号することができれば、その公開鍵のペアである秘密鍵で署名者が署名をしたことを論理的に検証するのである。また、前述したように、特定の公開鍵が、署名者の秘密鍵に対応する誰の鍵であるかを、認証局が電子証明書（公開鍵証明書）で証明することによって、最終的に署名者の客観的な特定がコンピュータ操作により可能となる仕組み（公開鍵認証基盤：Publik Key Infrastructure；PKI）が汎用的に利用されている。こうした仕組みを前提として、各国で電子署名法制が整備されてきている。

　(ii)署名されたデータが署名時の完全な状態を保っているかの確認（完全性 Integrityの証明）は、ハッシュ関数[⇥8]によるデータの処理によりなされる。その際、ハッシュ関数でデータ処理をして得られるハッシュ値（いわばデータの電子的指紋）を比較することにより、データ自体が元のデータと同一で脱落等がないことを検証する仕組みとなっている。現在実用化されている電子署名では、(ii)のハッシュ関数は、電子署名のプロセスに組み込まれており、暗号化と復号化は、元の文書のハッシュ値に対してなされるようになっている。したがって完全性の検証も署名の検証と同時になされる。

　(iii)のデータの存在日時の証明は、一般にタイムスタンプ（デジタル・タイムスタンプ）と呼ばれる技術により実現され、第三者の信頼しうる時刻源（時計）の時刻を特定のデータに確実にリンクさせる方法により、特定のデータの存在日時を証明する。タイムスタンプの技術的手法には、複数の方式が存在するが、電子署名を利用する方式では、特定のデータのハッシュ値をインターネットを通じて信頼しうる第三者たるタイムスタンプ局（time stamp authority；TSA）に送信し、TSAは、時刻情報を付与して電子署名をしたデータを送信者の原データに送信し結合してタイムスタンプのデータを生成する方法をとる。この方法により、信頼しうる第三者が証明する日時情報が特定のデータに付与されることになる。

3　電子署名技術と電子署名法

　電子署名技術等について、法はどのようにそれらに対応しているのであろうか。電子署名に直接かかわる一般的な法令として電子署名法（電子署名及

び認証業務に関する法律（平成12年法律第102号））がある。

　電子署名法によれば、電子署名とは、「電磁的記録（電子的方式、磁気的方式その他人の知覚によっては認識することができない方式で作られる記録であって、電子計算機による情報処理の用に供されるものをいう。以下同じ。）に記録することができる情報について行われる措置」であり、「一　当該情報が当該措置を行った者の作成に係るものであることを示すためのもの」であり、かつ、「二　当該情報について改変が行われていないかどうかを確認することができるもの」である（2条1項）。署名法上の電子署名は、この2つの要件、つまり署名者の確認、真正性の確認機能とデータの完全性の確認機能の双方を有する電子署名であることが前提とされているほかは、特定の技術に限定されているわけではない。ここでは、技術中立的アプローチがとられているが、前述した公開鍵暗号技術と認証機関のサービスを組み合わせたいわゆるデジタル署名のみが現在のところ実用化され普及している。

　電子署名法は、電子署名については、「電磁的記録であって情報を表すために作成されたもの（公務員が職務上作成したものを除く。）は、当該電磁的記録に記録された情報について本人による電子署名（これを行うために必要な符号及び物件を適正に管理することにより、本人だけが行うことができることとなるものに限る。）が行われているときは、真正に成立したものと推定する。」（電子署名法3条）との真正性の推定についての規定を置いている。もっとも、真正性が推定される電子署名の要件、すなわち「必要な符号及び物件を適正に管理することにより、本人だけが行うことができることとなるもの」については、具体的に限定していないため、一般には、同法が定める特定認証業務（「その方式に応じて本人だけが行うことができるものとして主務省令で定める基準に適合するものについて行われる認証業務」同法2条3項）の任意での認定（同法4条以下。同法施行規則2条も参照）をひとつの基準として実際上の対応がなされている。

＊＊＊

コラム❾-2　個人番号カードと認証

　2013（平成25）年に制定されたいわゆる番号法（「行政手続における特定の個人を識別するための番号の利用等に関する法律」）は、行政手続等で利用される個人（法人も含まれる）識別のための番号を自然人たる個人および法人に唯一のものとして付番し、行政手続等で利用されることを制度化した法律である。

　また、同法制定と同時に、いわゆる公的個人認証法が改正され、「電子署名等に係る地方公共団体情報システム機構の認証業務に関する法律」（以下、新公的個人認証法という）となった。同法改正後においては、番号法56条に基づく個人番号カードに、新公的個人認証法22条以下に定める利用者証明用電子証明書（いわゆる基本4情報を記載しない（同法26条）証明書）を搭載して、電子的な本人認証用途の電子証明書の組み込みをし、いわゆるeID機能（電子的個人識別機能）を実装することとなった。個人番号カードには、この本人識別機能とともに、電子署名用のアプリケーションも組み込まれている。

　個人番号カード中の個人識別用証明書は、オンラインでまたは電子的に番号カードの保有者個人であることを識別することを可能とするアプリケーションでの利用が想定されており、主として後述（本書❸コラム❸-2）の個人ポータルへのアクセス時の本人識別（本人認証）のために利用されるよう設計されている。公的に地方公共団体により提供される電子的本人識別の手段としての活用が期待されている。これにより、IDとパスワードだけで破られやすい方式を使わず、より安全でありながら、一方で、バイオメトリクス（生体情報）を利用するのに伴うリスクを回避して、安全なアクセス認証機能が実現される。

　なお、技術的には、本人認証のために、電子署名の技術（認証用証明書に対応した署名鍵で署名されたデータがエラー無く復号される事象を利用している。）とPKIが使われている。

電子署名法は、この認定を受けた特定認証業務について様々な規制を定めている。

特定認証業務を行おうとする者は、総務大臣の認定を受けることができる（電子署名法4条）と定め、認定の基準については、設備面、本人確認方法等の基準を置いている（同法6条）。この認定を受けた事業者の業務については、認定認証業務であることの表示が認められる（同法13条）ことにより、信頼性ある安全な認証業務であることの表示を利用者や消費者等に広く示すことが認められ、一方で様々な規制がなされる。こうして認定を受けた特定認証業務の安全性と信頼性が担保される仕組みがとられている。

なお、電子署名法は、民々間・官民間の双方での電子署名の利用を想定してそのための規定を置いて関連する認証業務の認定等について定めるものである。それに対し、いわゆる公的個人認証法（「電子署名等に係る地方公共団体情報システム機構の認証業務に関する法律」平成14年法律第153号）は、地方公共団体がその住民に対して認証業務を行ういわゆる公的個人認証のサービスを対象としており、そこでの署名を基本的に官公民間の行政手続等に限定している（個人認証。同17条参照）。一方、民々間・官民間で利用可能な法人の代表者による電子署名のためには、法務省がその管理する**商業登記簿**[9]のデータに基づいて認証業務を行う制度（商業登記12条の2）が署名法による認証業務とは別に法制化され運用されている。

最後に、時刻認証については、一般的な法根拠はないが、**公証人**[10]が行う電子的な**確定日付**[11]の付与については、法的に認める規定がある（公証人法7条の2、民法施行法5条2項）。前述したような時刻認証のサービスを利用しやすく迅速に提供しうる認証業務の法的承認は、今後の課題である。

4　電子署名の安全な利用に向けて

電子署名は、一般にはそれが普及しているとは必ずしもいえないし、また前述のように法的にも安全性・信頼性を確保するための規制が十分になされているともいえない。しかしながら、冒頭で述べたようにデジタルデータを利用した商取引や行政手続のためには、その重要な意味を踏まえて、利用を普及させることが必要である。

電子署名は、本章で述べてきたように、解読されない公開鍵暗号など敷居が高い部分も否定できないが、実際の利用においては、安全で信頼性の高い署名の利用のためには、署名法に基づく任意の認定を受けた特定認証業務を利用して署名すること、署名鍵を読み出し不能なように封入されたICカードを個人で厳格に管理し他人に利用されないように利用することなどが署名者の側の重要なポイントになる。

電子署名についてはさらに、署名されたデータの検証も適時・適切に行うことが重要である。秘密鍵は、亡失したり盗難に遭ったりする場合がありうるが、その際は、署名者は認証局に直ちに届け出て公開鍵証明書の取消しを求める仕組みになっている。取り消された証明書は失効するが、電子署名の検証に際しては、コンピュータで先述した公開鍵での復号化に成功するかどうかを検証するほかに、公開鍵が失効していないかどうかもチェックする（証明書に元々付されている有効期限内であるかどうかも同様である）。これらの検証に成功して初めて有効な電子署名であるとの判断をコンピュータが示すことになる。

➡9　商業登記簿
法務省が所管している登記簿で、商法・会社法に規定する一定の事項について登記するもの。

➡10　公証人
当事者の嘱託により私権に関する事実について公正証書を作成したり、私署証書や定款などに認証を与える権限をもつ者をいう。公務員としての地位を有し、公証人法によりその職務や任免等について規律されている。

➡11　確定日付
証書の作成日について法律上完全な証拠の証明力を与える制度により、特別な証明力が与えられる日付のことをいう。

54

署名検証者の署名検証は、署名がなされてできるだけ速やかになされるべきことが実務上は推奨されている。検証日時が遅れると、元々有効であった証明書の有効期間を徒過してエラーが出たり、不都合が生じる場合がある。実務上推奨されている方式では、署名後速やかになされた署名検証の結果を署名済みデータと同じパッケージに格納して、さらにタイムスタンプを付して、そのときには署名が有効であったということを長期的に証拠として保存して利用していく手法をとる。このデータ形式は、「長期署名フォーマット」[12]と呼ばれて、日本工業規格でも標準化されている手法である。

長期的な署名済みデータの利用という観点からして悩ましいのが、認証局の休廃業に伴いオンラインでの署名の検証ができないことや、公開鍵証明書の基礎となる文書の散逸について法的な対策がなされていないこと等の問題である。これは元々署名法がこうした観点からの規制をしていないことによるため、立法措置等がまたれるところである。ドイツの電子署名法では、こうした点などにもめくばりしており、オンラインでの30年間にわたる検証をも署名法上想定して実現している点が注目されることを付言しておきたい。

重ねて署名法自体の問題となるが、電子署名法は、認証局が専門的な業務をなすにあたって生じた業務の過誤について、ユーザーである署名者の責任を軽減し認証局の過失を推定するような規定を置いていない（欧州の署名規則では、認証機関にこうした過失の推定規定を置いて署名者＝消費者の保護を図っている）。認証機関側が自らの活動に過失がないことは訴訟等で証明しうるが、署名者にとっては過失があったことの証明は困難に近い。こうしたことから、望ましいのは明文で過失の推定を置いて対応することが推奨されるが、解釈論としても挙証責任の転換が求められよう。

電子署名の普及が、関連する署名製品や法の発展をもたらすのか、その逆なのかはよく議論されるが、電子署名の安全で信頼性ある普及は、電子社会の安全性・信頼性の基礎として重要であることを忘れてはならない。

➡12　長期署名フォーマット
　元データに署名を付与するフォーマットに加えて当該署名済みデータの検証をした検証データと検証後のタイムスタンプを加えてひとつの署名済みデータとして保存して利用していくためのデータ・フォーマットである。PDFやXMLという共通言語に基づく、PaDES、XaDESが、国際的にもJISでも標準化されている。

コラム9-3　電子書留メール等の新認証手段

　わが国の電子署名法は、その名称の通り電子署名のみを法制化したものである。コラム9-1で述べたように、電子署名と併用されるべきタイムスタンプについても規定がない。また、サイバースペースで利用されるその他のサービスについても規定を置いていない。同法と比較して、ここで参考として紹介したいのは、欧州連合における新たな世代の電子署名・認証規則であるeIDAS規則（「域内市場における電子取引のための電子識別及び信頼役務に関する2014年7月23日欧州議会及び理事会規則第910/2014号」）である。

　最も重要なものとして冒頭に置かれたのが、各国が制度化している電子化したID情報（電子本人確認情報。eID）を加盟国が相互に承認し電子的に国境を越えて本人確認を実現しようとするeIDの相互承認制度である。これにより、国境を越えた電子的な本人確認が可能とされることとなった。さらにeIDAS規則では、多様な認証手段を法制化している点が注目される。

　既に述べたタイムスタンプサービスのほか、電子書留メール配信サービス、さらには電子保存サービス、ウェブサイト認証サービスなどの各種認証手段・認証関連サービスを法制化して、これらを提供する事業を総じて信頼サービスとして定め、これらを利用して安全な信頼性ある電子データの送受信による取引や行政手続を推進しようとしている法制度となっている。

　特に、電子書留メール配信サービスは、紙の書留郵便等と同様の機能を果たす電子的手段としてわが国でも導入の議論が求められよう。電子メールによる通信が普及してきて必須となるのが、当該メールアカウントの真正性や、特定のメールの送受信日時証明などをする認証サービスである。

　わが国でも、前述したタイムスタンプの法制化（コラム9-1）と合わせてこうした多様な認証手段の法的承認の議論が必要だと考えられる。

10 個人情報の保護と利活用はどのように保障されているのだろうか

> **設例** ネットの掲示板を見たＡさんは、たまたま友人であるＢさんの顔写真と氏名、住所、電話番号、メールアドレスがその掲示板に書き込まれていることを発見した。Ｂさんにこのことを伝えると、Ｂさんに関する書き込みは、Ｂさんに無断で第三者が行ったものだという。後日、今度はＡさんも、自分が利用しているSNS上で自らが公表している性別、職業、年齢、経歴、出生にかかる情報が第三者によってSNS外に公表されていることを知った。

1 Ｂさん・Ａさんは救われるか？

　ネット上でのＢさんに関する情報、またSNS（Social Networking Service）外でのＡさんに関する情報は、ＡさんＢさん自らがそれぞれ関知しないところで流通している。もっとも、ＢさんやＡさんがこうした状況を特に気にとめないのならば、実際に問題は生じないのかもしれない。しかしＡさん・Ｂさんの立場に立ってみると、同意も得ずにいったい誰が自分の情報を勝手に流通させたのか憤ることもあるだろう。あるいは、ひょっとするとわざとではなく、何らかのセキュリティ上の弱点を突かれて、本来とどまるはずの場所から外に「漏洩」してしまったのかもしれない、それも困る、管理している側の責任を問いたい、と思うのかもしれない。いや、そうではなく、さしあたり現時点では何も実害が生じていないから、まあいいか、と割り切ってしまうこともあるだろう。

　いわゆるリベンジポルノの場合には、ネットやSNS上での公表・提供行為自体が禁止され処罰される。そのための個別法として「私事性的画像記録の提供等による被害の防止に関する法律」（2014年制定・施行）が存在する。その意味では、リベンジポルノやいわゆる児童ポルノ（現在の法律名称は2014年改正以降のものであるが、1999年に制定・施行された「児童買春、児童ポルノに係る行為等の規制及び処罰並びに児童の保護等に関する法律」の適用）の場合同様、設例にみられる個人に関する情報（顔写真、氏名、性別、職業、年齢、経歴、出生情報、住所、電話番号、メールアドレスなど）の流出や漏洩も、本人にとっては深刻な問題を引き起こすことになりかねない。

　本人が自分の情報を自分で決めた範囲で自ら選択したツールで公表しているのならば何の問題もない。しかし、そうではない場合にネットやSNS上でひとたび情報が拡散すると、完全に回収ないし収束させることは事実上不可能である。また、さらなる第三者による二次・三次の（無断）利用、いわば際限のない「流出」の可能性も十分に生じうる。

　4で触れるが、設例で出てきた第三者（行為者）の法的な責任を問える余地はある。しかし、場合によっては行為者の特定が困難である（"誰"なのか

わからない）場合もあるだろうし、さらなる第三者による流出については将来的に見通すことすらできない。そしてかりに流出や漏洩を行った者の法的責任を事後的に問うことができたとしても、より根本的な解決に直結しないのだから、Bさん・Aさんが潜在的なリスクにさらされ続けるという意味では、事実上は完全に救われることはないわけである。

2 個人情報保護法の性格と罰則の適用

私たち1人ひとりが守るべき個人情報に関するルール一般を定めている、あるいは設例のような場合に流出や漏洩を行った"誰か"を処罰するために特別に用意された法律はない。

個人情報をめぐる法制度の中心は「個人情報の保護に関する法律」（2003年制定・05年施行。以下「保護法」という。なお、以下5でもふれるが、ここでの「保護法」は「デジタル社会の形成を図るための関係法律の整備に関する法律」［令和3年法律37号。以下「整備法」という］に連動して従前の行政機関及び独立行政法人等に制定されていた各個別法を保護法へと一本化する2021年の同法改正後のものを指す。同改正の施行は22年4月であるが、地方公共団体に適用される規定の施行は23年である。以下「2021年改正保護法」ともいう）である。もっとも、保護法は「個人情報を取り扱う事業者及び行政機関等についてこれらの特性に応じて遵守すべき義務等を定める」ものであるから（第1条）、上記のような個人を対象にするものではない。

民間の場合には「個人情報取扱事業者」（保護法16条2項。企業のみならずNPO、NGO等の非営利団体等も含まれる。「国の機関」「地方公共団体」「独立行政法人等」及び「地方独立行政法人」は除く）として「個人情報データベース等［注：保護法16条1項。端的には「個人情報を含む情報の集合物」］を事業の用に供している者」（以下「事業者」という）が保護法上の義務を負っている。事業者に対して個人情報保護委員会（2016年1月に発足。内閣府設置法49条により独立性

・・・

うらむ⑩-1　マイナンバーと個人情報保護、特定個人情報

「行政手続における特定の個人を識別するための番号の利用等に関する法律」（2013年制定・施行。以下、番号法という）では、「特定個人情報」が規定された。なお、本文に出てきた「委員会」は、この番号法上の監督機関であった「特定個人情報保護委員会」が改組され、保護法上で新設された機関である。

番号法に基づき、既に住民票を有するすべての者に1人に1つの12桁の個人番号（マイナンバー）が通知されており、社会保障・税・災害対策の行政手続では個人番号が求められることになった。

「特定個人情報」とは、個人番号に対応する符号（個人番号に対応し、個人番号に代わって用いられる番号や記号などで、住民基本台帳法上の住民票コード以外のもの）をその内容に含む個人情報のことである（番号法2条8項）。また、「特定個人情報ファイル」とは、個人番号や個人番号に対応する符号をその内容に含む個人情報ファイルのことである（同法2条9項）。なお、特定個人情報も個人情報

の一部であるために、原則として保護法が適用される。

番号法は、特に特定個人情報にかかる名寄せ等のリスクを考慮して、保護法よりも厳しい保護措置を上乗せしている。番号法上の保護措置違反については事業者のみならず、個人にも罰則が科せられることがある。事務従事者につき、正当な理由なく特定個人情報ファイルの提供を行った場合（67条）、ファイル化されていない個人番号についても不正な利益を図る目的で提供・盗用を行った場合（68条）、主体の限定がない（何人にも適用される）罰則として、詐欺や暴行等によって個人番号を取得した場合（70条）、通知カードまたは個人番号カードの不正取得の場合（75条）である。仕事の上であれ、私生活上であれ、個人番号・特定個人番号の取り扱いについては慎重に臨みたい。

の高い組織として位置付けられ、内閣総理大臣の所轄に属する行政機関。委員会は法を所管し法の解釈権を有するので、一元的な監督措置を講じている。2021年改正保護法第6章を参照。以下「委員会」という）が行う報告要求・資料提出要求・質問検査を拒否し、あるいは虚偽を述べた場合には罰金が科され（182条）、委員会の措置命令や是正命令に違反した場合には懲役（2022年6月の刑法一部改正により「拘禁刑」に統合。同施行は2025年までの予定）・罰金が科される（178条）。

しかし注意しておくべきは、保護法の2015年改正で直接罰が新設されたことであり、[※1] 2021年改正保護法では179条において事業者もしくはその従業員またはこれらであった者が、個人情報データベース等を自己もしくは第三者の不正な利益を図る目的で提供し、または盗用したときは、1年以下の懲役または50万円以下の罰金に処せられる（なお、この179条はいわゆる両罰規定になっており、法人にも罰金が課される。2020年改正保護法では184条1項に規定されており、それまでの罰金の上限が30万円から1億円以下に大幅に引き上げられている）。

そのため、設例中のAさん・Bさんにかかる情報を書き込んだ者（本人以外の第三者である"誰か"）あるいは結果として流出させてしまった者が、保護法上の事業者あるいはその従業員（であった者も含む）ではない場合には保護法上の罰則は適用されないことになる。

3　個人情報なのか、プライバシーなのか

私たちはよく「プライバシー」という言葉を耳にする。しかし個人情報とプライバシーは、はたして同じものなのだろうか。結論からいうと必ずしもそうではなく、両者は一致する（重なり合う）場合もあるし、そうではない場合もある。

事業者や行政機関等に適用される法律として法的に「個人情報」を明らかにしている保護法にみられる定義（「生存する個人に関する情報であって」[2条1項柱書き]、「当該情報に含まれる氏名、生年月日その他の記述等により特定の個人を識別することができるもの（他の情報と容易に照合することができ、それにより特定の個人を識別することができることとなるものを含む。）」[同項1号]もしくは「個人識別符号が含まれるもの」[同項2号。「個人識別符号」については同条2項を参照]）を手がかりとしながら、両者の区分について考えてみよう。

設例で問題となったAさんの顔写真、氏名は、個人を明確に識別できる情報である。そのため、おそらくはそれだけで「個人情報」になるだろう。しかし、住所、電話番号自体は必ずしもそうではない。もっとも、設例の場合には、「他の情報と容易に照合することができ、それにより特定の個人を識別することができる」から、個人情報に当たると考えられる。メールアドレスについても基本的には同様に考えてよいが、メールアドレスの場合は、それだけで個人情報になる場合もあるので注意したい。[※2]

他方で、何が「プライバシー」「プライバシー権」で、何がその対象・内容を構成するのかについては、実ははっきりとしていない。もっとも、1970年代から説かれている「自己情報コントロール権」に着目すると、より積極的な「権利」構成が可能になる。つまり、対私人、対公権力の双方の観点から、①本人の同意なしに自己の情報が収集されず、②収集目的を超えた利用や開示を許さず、③本人による自己情報の開示・閲覧が可能で、④正当な理

由のない自己情報の削除や訂正を求めることができるとされる。そうすると、個人情報保護法制は、この「権利」の具体化だと考えられる。

プライバシーの侵害行為に対しては、民法上の不法行為に基づく損害賠償請求が可能である。「早稲田大学講演会名簿提出事件」最高裁平成15年9月12日判決 最高裁判所民事判例集57巻8号973頁では、「プライバシーに係る情報」の法的保護の観点から、本人同意のない当該情報の警察への提供行為について、原告らの「プライバシーを侵害するもの」であり「不法行為を構成する」ことが判示されている。また、個人の私生活上の自由を保障するものとしてのプライバシー権の位置づけについては、「『宴のあと』事件」東京地裁昭和39年9月28日判決 下級裁判所民事判例集15巻9号2317頁が、プライバシー侵害に法的な救済が与えられる場合としての3要件を判示している。

➡3 人格権の侵害と不法行為に基づく損害賠償
人の生命・身体・自由・名誉・氏名・貞操・信用など、民法710条によって法的保護の対象になる人格的利益を「人格権」という。人格権の侵害は不法行為であり、損害賠償責任が生じる。また人格権に基づく差止めも認められる。

4 Aさん・Bさんの「プライバシー」は侵害されたのか？

ネットやSNS上で扱われている設例上でのAさん・Bさんの情報については、「プライバシー情報」とそうでないものとに分かれることになる。

ネット上では一般に、個人が検索したキーワード、その閲覧履歴、送受信したメールの内容、職業、年齢、経歴、出生にかかる情報などが「プライバシー情報」になりうると考えられている。そして、「宴のあと」判決での3要件に照らすと、本人が自らの意思で公開している情報については、「プライバシー情報」から除外されることになると考えてよいだろう。

Aさん・Bさんのプライバシーを侵害する行為を行ったことを理由として、行為者の民事（不法行為）責任を問えるだろうか。これも、Aさん・Bさんに関する情報が「プライバシー情報」として評価できるかにかかっているので、一概には言えないことになる。

もっとも、Aさん・Bさんの人格権にかかるプライバシー侵害に至っている、あるいはその名誉を毀損・侵害する程度に至っていると評価できれば

・・・

こらむ⑩-2 Pマーク（プライバシーマーク）制度、ISMS認証

プライバシーマーク（以下、Pマークという）は、2006年に改定された日本工業規格 JIS Q 15001「個人情報保護マネジメントシステム—要求事項」に適合する個人情報への適切な保護措置を講ずる体制を整備する事業者等に対して認定・付与されるものである。JIPDEC（一般財団法人日本情報経済社会推進協会）ならびに JIPDEC が認定した指定機関が認定・付与の業務を担う。Pマークの付与認定を受けた事業者数は、16,917（2022年4月時点）である。申請を経て認定を受けた事業者等は、その事業活動に関し、Pマークを使用することができるようになる（ロゴを参照。目にしたことのある人も多いだろう）。

事業者等にとっては、自らが個人情報の適正な利用ないし安全な取扱いを行っていることを社会にアピールできることになる。他方、消費者等にとっても、事業者等が個人情報に対する意識をどの程度有しているか、信頼をはかるためのひとつの目安となる点で利点を有する。

他方、ISMS（Information Security Management System）とは「情報セキュリティマネジメントシステム」「情報セキュリティ管理システム」と呼ばれるもので、国際標準規格である ISO/IEC27001 およびその国内規格としての日本工業規格である JIS Q 27001 を指している。ISMS認証は、組織内での自己診断を第一段階とする。のみならず、さらに外部・第三者機関からの認証を受けなければならない（詳しくは JIPDEC ウェブサイト中の「ISMS適合性評価制度」を参照）。

マーク部

登録番号

10123456(01)

出所：「JIPDEC」ウェブサイトから引用（2022年4月アクセス）

（名誉毀損については、刑事上もしくは民事上で、あるいはその双方で）第三者たる行為者（加害者）の法的な責任を問えることになる。なお、最高裁平成22年3月15日判決 最高裁判所刑事判例集64巻2号1頁は、インターネット上での中傷行為にかかる名誉毀損罪の成立について、ネット上での表現であるからといって緩和されるものではない旨を判示している（→詳しくは、本書❺参照）。

5 2021年改正保護法

2021年改正保護法はそれまでの3法律を一本化するだけでなく、地方公共団体における個人情報保護の法制度についても全国的な「共通ルール」を定めて、全体の所管について委員会に一元化させることにしている（2条11項で地方公共団体の機関及び地方独立行政法人も保護法の規律の対象とされ、委員会は地方公共団体における個人情報の取り扱等に関して国の行政機関に対するものに準じた監督を行う）。2021年改正は、同改正前の保護法での民間部門の規律をベースとしたものとなっている。つまり、それまでの官（行政機関、独立行政法人等）に固有の規律を民に寄せるものであり、個人情報の定義等については、この観点から国・民間さらには地方においても統一するものとしている。加えて医療分野・学術分野での規制の統一のために、国公立の病院・大学等については原則として民間の病院・大学等と同等の規律を適用させ、学術研究にかかる適用除外規定については一律の適用除外とはせず、義務ごとの例外規定として精緻化する改正を行った（例えば利用目的制限についての18条3項5号・6号を参照）。

^{❤4}

保護法では「個人情報」（前出）＞「個人データ」（16条3項）＞「保有個人データ」（16条4項）という概念が用いられており、法第4章においてそれぞれの区分に応じた義務が法定されている。

6 電子掲示板等の管理人・サーバ管理者の責任

設例に戻ってみると、自分に実害があるかもしれないので放置できないと考えた場合には、当該個人データがさらされる時間が長ければ長いほど自身へのリスクは高まることになる。Aさん・Bさんはおそらく、書き込んだ第三者（行為者）を探すよりも電子掲示板等の管理人・サーバ管理者等の適切な対応を期待するだろう。

サーバ管理者が「個人情報データベース等」によって個人データを取り扱っていることからすれば、少なくとも保護法上の事業者としての義務は負うことになるだろう。電子掲示板等の管理人についても同様に考えられるはずである。なお、プロバイダの責任については本書❼を参照してほしい。

7 ビッグデータの利活用と保護法上での対応

「ビッグデータ」については資料❿-1を参照してもらいたい。ここで示されるような「ビッグデータ」の利活用をめぐっては、従前から「個人情報の匿名化」が議論されてきた。匿名化が図られれば、不適切な取扱いによる本人の権利利益の侵害を防ぐことができ、社会に利益をもたらす研究や事業への活用が広がるという発想である。

保護法の2015年改正によって、個人の指紋、個人の身体の一部の特徴を

➡ **4 保護法上の適用除外**
2021年改正前の保護法76条では、①報道機関、②著述を業として行う者、③学術研究機関等、④宗教団体、⑤政治団体の各主体について、条文に明記される目的の限りにおいて法第4章で課される種々の義務が適用除外となることを規定していたが、2021年改正保護法57条ではこのうち③が外れている。国立大学等については「規律移行法人」としての位置付けも措置されているが、国立大学のみならず、私立大学、公立大学についても（あるいは医療分野での国立病院、公立病院、私立病院も同様に）2021年改正保護法の規律の適用について各主体内部での規律の（再）整備が不可欠となる。

デジタル化した情報、個人情報（マイナンバー）、運転免許証の番号、旅券番号などの「個人識別符号」（情報単体で、その情報が有する意味内容から特定の個人を識別することができるもの）が「個人情報」に該当することが明記され（2条2項参照）、その該当性を客観化して事業者が容易に判断できるようにした。このこととあわせて2015年改正では、特定の個人を識別することができないように個人情報を加工して得られる個人に関する情報である「匿名加工情報」が新たに規定された。

当該個人情報を復元できないようにするものである「匿名加工情報」（2条2項6号参照）には、「個人情報」とは異なる規律が課せられる（「匿名加工情報取扱事業者」については16条6項を参照。その義務については43条以下を参照）。

さらに2020年の保護法改正では、他の情報と照合しない限り特定の個人を識別できないように個人情報を加工して得られる個人に関する情報として位置付けられる「仮名加工情報」が新たに規定された（2条2項5号参照）。イメージとしては、氏名、生年月日、性別、住所、所得等の個人に関するデータ（情報）を所持する者が、照合表など他の情報と照合しない限り特定個人を識別できなくすることによってその利活用を可能にする仕組みだと考えればよい。ここでも固有の規律が課せられることになる（「仮名加工情報取扱事業者」については16条5項を参照。その義務については41条以下を参照）。

8　個人情報を保護するのは誰？

個人情報を保護する責任は事業者だけが負っているのだろうか。そうではないはずである。事業者のみならず一個人のレベルでも、他者の個人情報に向き合う際には、やはり本人の同意を原則とした本人意思の尊重と、必要最小限での情報共有が不可欠となるはずである。こうした他者の同意とあわせて自らもまた、他者の個人情報を保護する役割を日々様々な場面で担っていることを自覚しておきたい。

資料❿-1　ビッグデータを構成する各種データ（例）

原典：情報通信審議会ICT基本戦略ボード「ビッグデータの活用に関するアドホックグループ」資料
出所：総務省HP掲載の情報通信白書平成24年版（2016年6月アクセス）、http://www.soumu.go.jp/johotsusintokei/whitepaper/ja/h24/html/nc121410.html

18歳からはじめる情報法

11 承諾なく送られた商業メール（スパムメール）はどのような法規制があるのだろうか

設例 先日、パソコンに大手の宅配便業者の名前で「あなたからお預かりした荷物の送り先が不明になっています。このメールに記載している URL に直ちにアクセスして、必要な手続を完了してください」という内容のメールが届いた。確かにこの業者を利用したことはあるが、ここ数週間にこの業者を利用して宅配便を送ったことはない。どのように対処すればいいのだろうか。また、私の Facebook に知らない女性から友達申請が来た。返信しても大丈夫なのだろうか。

1 迷惑メール（スパムメール）とは何で、どんな被害が生ずるのか？

パソコンやスマートフォンを使ったメールは、友達や家族とのコミュニケーションあるいは仕事の連絡手段として、大変便利で、今や必要不可欠のものになっている。ところが、利用していると、いつの間にか見ず知らずの人や会社などから、メールが届くようになる。こうした、メール受信者の意思にかかわらず、一方的に送り付けてくるメールのことを迷惑メールという。そのなかで、商業的な広告や勧誘を目的とするものをスパムメール[1]と表現することがある。

ひとたび迷惑メールが届くようになると、その数はどんどん増える。もちろん、迷惑メールの受信を遮断するフィルタリング機能[2]を使ったり、メールソフトで迷惑メールを一括して特定のフォルダに自動的に移すなどの対策を講ずることはできる。もっとも、どんなに効果的にフィルタリングをしても、それをすり抜けてくる迷惑メールをゼロにすることは著しく困難である。一方で、あまりにフィルタリングを強くしすぎると、本当に必要なメールを受信拒否してしまうことになりかねない。

迷惑メールは無差別、大量に送付される。たとえば、迷惑メールの対策を行っている（一財）日本データ通信協会の調査によれば、2020年3月に電気通信事業者10社が取り扱った15億6491万通の電子メールのうち、迷惑メールが6億9768万通を占めていて、その割合は約45％に達している（日本データ通信協会迷惑メール対策推進協議会「迷惑メール白書2021」）。もっとも、この数字は氷山の一角にすぎない。2014年9月5日には、メールの送信について総務省からの措置命令に従わなかった事業者である株式会社SANSが警視庁に書類送検され、社長が逮捕されたが、その事業者は、1日で約270万通、会社設立からだと20億通以上の勧誘メールを送信していた。ここまでの状況になると、正常なネットトラフィック（運用）そのものの障害にもなりかねない。

また、迷惑メールには単なる商業上の勧誘だけではなく、悪意が込められていて、実際に被害が生ずるものも少なくない。たとえば、実際には利用し

→1 スパムメール
スパムメールという表現の由来は、アメリカ製の肉の缶詰である「Spam」缶から来ているというのが一般的な理解になっている。イギリスの人気コメディアンのモンティパイソンが、スパムを使ったレストランを風刺して「Spam, apam, spam」と繰り返すコントをして、それ以来、ネットユーザーの間で不必要に繰り返して送られてくる商業的メールのことをスパムメールと表現するようになったといわれている。

→2 フィルタリング機能
パソコンで受信するメール、ブラウザから利用できる Web メール、携帯電話やスマートフォンで利用するメールなどによって、その迷惑メールの対策は異なっている。ただ、いずれも、特定の文字やドメインなどを含むメールの受信を拒否したり、別フォルダへの振り分けをすることは共通に可能になっている。

ていないアダルトサイトの利用料金を請求する「架空請求」メール。記載された URL をクリックすると登録料などの金銭を請求するワンクリック詐欺や、実在の金融機関と同じような HP に誘導してカード情報などを記入させるフィッシング詐欺などの「詐欺」メール。メールを開封することでウイルスに感染してしまう迷惑メールもある。また、迷惑メールが悪質商法のきっかけになるものも多く、これらの迷惑メールはメール受信者に深刻な被害をもたらしかねないものになっている。

2　迷惑メールを規制する法律はどのようになっているのか？

わが国には、こうした迷惑メールを規制する法律が 2 つ、ある。ひとつは、特定商取引に関する法律（以下、特商法という）、もうひとつが特定電子メールの送信の適正化等に関する法律（以下、特定電子メール法という）である。これらを、迷惑メール対策二法と表現することもある。

2 つの法律には、規制目的や法による規制の範囲に違いがある（資料⓫-1 参照）。特商法は、その適用対象である通信販売の広告手段としての電子メールを規制している。したがって、通信販売等の広告として送信される迷惑メールが規制対象となる。その規制の目的は消費者保護と取引の適正化である。所轄庁は消費者庁と経済産業省の共管とされている。一方で、特定電子メール法は、電子メールの送受信の支障を防止することが規制の目的で、総務省と消費者庁が所轄庁である。規制対象となるメールは、自己または他人の営業につき広告または宣伝を行うための手段として送信する電子メールとなる。いずれも規制対象となるメールには、いわゆるショートメールといわれる SMS も含まれる。➡3 規制対象となるメールの捉え方はそれぞれの法律で異なっているが、実際に送信されてくるほとんどの迷惑メールは、ウイルスを送り込むことを意図した迷惑メールを除いて、2 つの法律がいずれも適用されると考えられる。なお、ウイルスメールを故意に送信した場合には、そ

➡3　特商法には、格別、メールを送信する方式については規定されていない。もっとも電子情報処理組織その他の情報通信の技術を利用する方法と定められており、いわゆる SMTP（シンプルトランスファープロトコル）による通信方式が想定されていると解される。なお、特定電子メール法では、Web メールを含め、SMTP を利用する方式と規定されている。

資料⓫-1　わが国の迷惑メールを規制する法律とその概要

	特定商取引法	特定電子メール法
規制目的	消費者保護と取引の公正の確保（広告規制）	電子メールの送受信上の支障の防止（送信規制）
規制対象	通信販売など特商法で規制する取引の広告メール	広告宣伝のために送信される電子メール
規制対象となる主体	通信販売業者、連鎖販売業者、業務提供誘引販売業者、それらの業者から委託を受けた業者	営利目的団体および営業を行う個人でメールを送信者または送信委託者
規制手段	オプトイン規制（原則として、事前に承諾した者にだけメールの送信が認められる）	
オプトイン規制違反の効果	行政処分（指示：14条、業務停止：15条）あるいは100万円以下の罰金（72条）	措置命令（7条）。措置命令に従わない場合や送信者情報を偽った場合には、1年以下の懲役または100万円以下　（法人は3,000万円以下）の罰金（34条、37条）
送信の規制	なし	架空アドレスへの送信の禁止（5条）　送信者情報を偽装したメール送信の禁止（6条）
監督官庁	消費者庁および経済産業省	総務省および消費者庁
相談（通報）先	（一財）日本データ通信協会	

出所：（一財）日本データ通信協会ホームページ

の行為は電子計算機損壊等業務妨害罪（刑法234条の2）に該当する可能性がある。

この2つの法律はともに2008年に改正され、その改正法は2008年12月1日から施行されている。この改正の際に、迷惑メール規制の基本的考え方は大きく変化した。両法とも、それまでの**オプトアウト**（opt-out）ではなく、**オプトイン**（opt-in）規制が採用されたのである。[4]

➾4 オプトイン、オプトアウト
オプトイン、オプトアウトという考え方は、メール受信する者の受信の可否の選択（option）に関する意思に規制の根拠を置くという意味で、注目される法規制のあり方である。たとえば、オプトイン規制では、メール受信者がin（受信）するとのoption（選択）をして、それを意思表示した場合のみに、メールの送信が許されることになる。out（受信を拒否）するとの選択をした者に対するメール送信を否定するオプトアウトよりは強い規制方法となる。こうした規制の考え方は、迷惑メール規制だけでなく、たとえば訪問販売そのものや電話勧誘販売についても「不招請勧誘の禁止」の方法として検討がなされている。

オプトイン規制では、広告や宣伝を目的とするメールの送信を承諾あるいは請求した者にだけ送付することが許され、その承諾あるいは請求がない者に対するメールの送信が禁止される（特商法12条の3・12条の4、特定電子メール法3条）。改正以前は、メールの件名に「未承諾広告※」といった広告メールであることを表示するとともに、その受信拒絶を連絡先の明示を義務付けて、受信拒否の連絡があった者へのメール送信を禁止するとのオプトアウト規制がなされていた。オプトインが受信者が選択して承諾した場合のみにメール送信が許されるのに対して、オプトアウトでは受信者が拒否の意思表示をしなければメールを送信することができてしまう。迷惑メールを送り付けてくるような事業者に対して、受信拒絶の意思表示をすることは、そのメールアドレスが現に利用されていることを相手に伝えることになる。これでは、迷惑メールを送り付けてきた事業者の思うつぼである。オプトアウトでは、迷惑メールの規制としては不十分であり、規制の実効性にも問題があった。なお、事業者には、電子メールによる広告や宣伝を送信することについて受信者から請求や承諾を得た場合には、その記録を3年間、保存しなければならない（特商法12条の3第3項、特定電子メール法3条2項）。

なお、宣伝や広告の電子メールの受け取りを拒否する方法の表示義務についても定められている（特商法12条の3第4項、特定電子メール法3条3項）。たとえば、継続してネット通販を営業している信頼できる事業者に対しては、オプトアウト方式での意思表示にも、メールの受信を拒否するための具体的な効果があると考えられるからである。

また、送付するメールには表示義務が定められており（特商法11条、特定電子メール法4条）、その詳細はそれぞれ政令で規定されている（特商法政令8～10条、特定電子メール法政令7～9条）。

これらの具体的な表示の方法などの実際に関しては、特商法では『電子メール広告をすることの承諾・請求の取得等に係る「容易に認識できるよう表示していないこと」に係るガイドライン』（平成21年8月4日改正）で、特定電子メール法では「特定電子メールの送信等に関するガイドライン」（平成23年8月）によって定められおり、そこには実際のメールでの表示方法の参考例なども示されている（コラム⑪-1参照）。

3 それでも迷惑メールが届く理由とその対処方法

法律は、事前の承諾あるいは請求のない者に対して、広告や宣伝の勧誘メールを送信することを禁止している。それにもかかわらず、実際には、私たちのパソコンやスマートフォンには、不要なメールが相変わらず相当数、送信されてくる。それはなぜなんだろうか。

ひとつには、私たちが意識をしないで、いつの間にか送信の承諾をしてしまっている可能性がある。たとえば、ネット通販で商品を購入した場合、最

後に商品購入に関する詳細と代金等の確認画面が表示される。その画面あるいはその次の画面で、その後の広告メール送信に関する表示がなされていることがある。その際、はじめから送信を「承諾する」の欄にチェックがなされていて、そのチェックを外すかあるいは「承諾しない」をクリックしない限り、承諾をしたことになる設定になっていることが少なくない。こうした「デフォルト・オン」であっても、「画面の中で消費者が認識しやすいように明示（たとえば、全体が白色系の画面であれば、赤字（対面色）で表示）され、かつ、最終的な申込みにあたるボタンに近接したところに表示されている場合」にはオプトイン規制に違反しないと解されている。[5] ネットでの取引で表示されたすべての項目を確認することは現実的にはほとんどありえない。だとすれば、あくまで、消費者が送信を承諾するとの欄にチェックをすることでその意思を表すことが必要で、デフォルト・オンはオプトイン規制には適合的ではないと考えるべきであろう。しかし、現実には取引後の事業者からの広告メール送信について、デフォルト・オンの仕組みで私たち消費者の意思が確認されていることに留意する必要がある。

　それ以上に問題なのは、最初から法やガイドラインを遵守するつもりがない事業者や個人といったアウトサイダーが存在することである。迷惑メールの大部分はそうしたアウトサイダーから、受信者の承諾などを得ることなく、送られてくる。オプトイン規制は、そうした対応が法に違反するものであることを明確にする意味があるが、それだけでアウトサイダーが迷惑メールの送信を止めることはありえない。違反行為に対する法的な対応がなされて、はじめて法規制には意味がある。オプトイン規制に反する事業者や個人に対しては、特商法や特定電子メール法に基づいて、迷惑メールの送信を止めることを求める行政処分（特商法では指示、業務停止。特定電子メール法では措置命令）を出すことができる。また、特商法では請求や承諾をしていない消費者に電子メール広告を送信した場合には、それだけで100万円以下の罰

➡5　消費者庁・経済産業省『電子メール広告をすることの承諾・請求の取得等に係る「容易に認識できるよう表示していないこと」に係るガイドライン』。

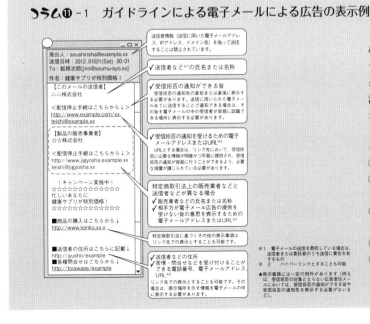

うらむ⓫-1　ガイドラインによる電子メールによる広告の表示例

わが国の迷惑メール規制は、特定商取引法と特定電子メール法の２つの法律で行われている。ともに消費者庁がかかわっているが、元々は特定商取引法は経済産業省が、特定電子メール法は総務省が管轄していて、現在は共管になっている。

　両法により、広告メールを送るに際しては、以下の事項を表示しなければならない。
①送信者などの氏名または名称
②受信拒否の通知を受けるための電子メールアドレスまたはURL
③受信拒否の通知先の直前または直後に受信拒否の通知ができる旨の記載
④送信者などの住所
⑤苦情・問合せなどを受け付けることができる電話番号、電子メールアドレスまたはURL

金が科せられる（特商法72条4号）。特定電子メール法では、措置命令に違反して電子メールを送信した場合には、1年以下の懲役または100万円以下の罰金が科せられる（特定電子メール法34条2号）。違反行為者が法人またはその従業員による場合には、罰金は3,000万円以下と高額になる（特定電子メール法37条）。

　もっとも、法を管轄する消費者庁、経済産業省、総務省では、違法な迷惑メールが送られている事実について、モニター用の端末を設置して調査はできるにしても、それを的確に把握することは困難である。一方で、こうした違法行為に関する事実を正確に把握しなければ、行政処分を出すことはできない。そこで、迷惑メールの受信者に対して、適当な措置を求める申し出をすることができることとしている（特商法60条、特定電子メール法8条）。違法な迷惑メールが送信されてきた事実は、そのメールを受信した者が何よりもよくわかる。その事実を行政機関に報告してもらうことで、行政処分などにつなげていくことを意図しているのである。申し出の受付は、特商法では指定法人（特商法61条）、特定電子メール法では登録送信適正化機関（特定電子メール法14条以下）が行うこととされている。指定法人としては、2019年3月末までは（一財）日本産業協会がその役割を担っていた。もっとも、現在は、登録送信適正化機関である（一財）**日本データ通信協会**^{→6}（https://www.dekyo.or.jp/）が、迷惑メール全般の対応を担うことになっている。日本データ通信協会には迷惑メールに関する相談窓口が開設されるとともに、迷惑メールに関する情報提供を受け付けている。たとえば、2022年3月だけで、132万1000件の情報提供がなされている。提供された情報は、総務省や消費者庁に報告され、特定電子メール法に基づく措置命令につながる。特定電子メール法にオプトイン規制が導入された2008年12月以降2017年末までに、54件の措置命令と4万件を超えるメールによる警告が総務省によってなされている。もっとも、迷惑メールが実際には蔓延していて、年間で1,400万件もの情報提供があることを考えると、確かに措置命令は、数多い違反事業者のうちの氷山の一角にしか対応できていないといわざるをえない。行政による規制には、情報通信に係る技術的な困難もある。たとえば、迷惑メールは、海外のサーバを経由するなどして送信されることが稀ではないため、送信事業者の実態を含め、その詳細を把握することが難しい。^{→7}とりわけ事業者の所在を含めた実態が正確に把握できなければ、措置命令を出すことはできない。ただ、9年間で54件の措置命令にしても、処分の対象となった事業者から迷惑メールを受け取った受信者からの情報提供が基盤となっている。特定電子メール法に基づく報告義務（特定電子メール法28条）を行わなかった事業者に対して、3,000万円の罰金が科せられた事案も出てきている。^{→8}法による規制が十分に機能しているとはいえないにしても、当面は、この仕組みを有効に活用して、状況の改善を図ることが重要だと考えられる。

4　さて、設例の事案をどう考えるか

　設例の事案と同じように、実際にある事業者の名前を語って、迷惑メールを送り付けてくる例も少なくない。どうしても気になるなら、直ちにメールでの返信は避け、大手の宅配便業者に電話で問い合わせることである。おそらくは、虚偽のメールであることが判明する。

→6　（一財）日本データ通信協会「迷惑メール相談センター」http://www.dekyo.or.jp/soudan/index.html

→7　たとえば、2018年度に（一財）日本産業協会が把握した約660万件の迷惑メールのほとんどが海外から送信されたものであった（http://www.nissankyo.or.jp/nsk/no-trouble/graph.html）。

→8　「オートクチュール」という出会い系サイトを運営するワールドコミュニケーション社が20億通以上の迷惑メールを送信していたにもかかわらず、総務省からの報告徴収に回答しなかったとして書類送検された。最大で3,000万円の罰金が科せられるが、同社は短期間で1日600万から700万円の売り上げを上げていたともされている（2015年4月30日産経新聞など）。

商業的なメールの送信は、受信者の承諾あるいは請求がなければできない。また、承諾のない迷惑メールの送信は法的に禁止されていて、行政処分や刑事罰が科せられる可能性がある。優良な事業者がそのようなリスクを抱えて、迷惑メールを送信することは考えられない。ただ、現実には、迷惑メールであるとすぐには受信者が気がつかない形式であったり、法のすき間を縫うような形式で送信されてくる。適切な市場ルールを作るためにも、迷惑メールを受け取ったときには、（一財）日本データ通信協会にその情報を提供することが、私たちが今できることである。

もっとも、迷惑メールによって、実際の被害を被らないためには、結局は自らがその処理方法について適切な判断をするしかないとの現実がある。基本的には、見ず知らずの者から送信されたメールは開封してはならない。ましてやそこに記載されているURLにアクセスしてはいけない。かりにメールを開いたり、URLにアクセスしてしまったとしても、そこから指示される情報に惑わされることなく、消費生活センター等の適切な機関に相談して助言を求めることも、安全にネット社会を使うセンスである。

さて、迷惑メールと同様の被害が、SMSやあるいはFacebookやTwitterなどのSNSでも広がっている。[9] ただ、これらの情報提供は直ちには広告や宣伝のメールには該当しないので、迷惑メール二法による規制の対象にはならない。それだけに、ここでは個人の判断が重要になる。設例にあるような見ず知らずの者からの友達申請や情報提供には安易には乗らないこと。SNSで知り合った相手からマルチ商法や出会い系サイトに誘導されたり、SNSに広告を内容とする書き込み（ターゲット広告）が急に増えたりするトラブルが報告されている。簡単な1回のクリックが、悪質商法や個人情報の違法な取得のきっかけになっていることが少なくないことを忘れてはいけない。

➡ 9　国民生活センター「SNSをきっかけとした消費者トラブルにご注意！──中高「生」だけじゃなく中高「年」も」2020年4月9日（https://www.kokusen.go.jp/pdf/n-20200409_1.pdf）。

・・

資料⓫-2　特定電子メール法に係る警告、報告徴収、措置命令の実績

> オプトアウト規制の下での措置命令件数は6年間で6件であったが、オプトイン規制を導入以降は、9年間で54件の措置命令を実施している。

年度	警告（メール）	報告徴収	措置命令
2002 〜 2007	—	—	6
2008	1,147	4	0
2009	5,987	20	6
2010	6,191	49	7
2011	5,025	50	10
2012	5,495	47	8
2013	4,060	30	7
2014	3,618	36	7
2015	3,388	21	7
2016	3,409	7	0
2017	3,458	6	2
2008 〜 2017	41,778	270	54

（オプトイン規制導入　2008年12月）

出所：（一財）日本データ通信協会のホームページ

ネットのセキュリティはどのように
法制化されているのだろうか

設例 A子は、交際しているB男が最近よそよそしくなったので、誰か別の人と付き合い始めたのではないかと疑っていた。A子は、B男が携帯のパスワードを自分の誕生日にしているのを知っていたので、B男が喫茶店でトイレにいった隙に、B男の携帯を操作し、誕生日の数字をパスワード入力欄に入力してロックを解除し、B男宛のメールを読んだ。

1　はじめに

　コンピュータが犯罪の道具として使われ出したのは、1960年代の終わり頃からだった。当時は、IDとパスワードによって識別された多数の利用者がそれぞれ独立に大型コンピュータを共同利用するタイムシェアリング・システムが普及していたが、他人のパスワードを収集・解析するプログラムをシステム内に仕掛け、他人のIDでコンピュータを不正に使用する〈トロイの木馬〉による違法行為が多発した。

　1970年代から80年代にかけては、コンピュータの性能や通信技術の向上を背景に、世界的にコンピュータを悪用した犯罪行為が急増した時期である。キャッシュカードと情報処理システムをターゲットとして、銀行の金融システムが狙われていった。この頃の暗証番号照合システムが稚拙なことやセキュリティに関する意識の低さも犯行を助長したが、手口としてはそれほど複雑ではなかった。

　ところが、1990年代に入ってコンピュータ・ネットワークの拡大と利用度が急速に高まって、ネットワークそのものの安全性が問題となってきた。次のエピソードは、電力・電話、浄水・ガス配給、鉄道・航空・交通管制システムといった社会生活基盤システムに対するネット攻撃の恐ろしさをアピールしていると思う。

2　30人の〈軍隊〉で米国国防総省を攻撃

　1997年6月、アメリカ国防総省（United States Department of Defense、略称：DoD）は、「エリジブル・レシーバー（Eligible Receiver）」と名付けられた軍事演習を実施した。従来の軍事演習と異なるのは、その場所がサイバースペースであったことだ。演習にあたって30人の国家安全保障局のコンピュータ専門家からなる〈テロリスト・チーム〉が編成され、「DoDの職員であることによって知りえた知識は使わない」という条件のもと、「アメリカ中のすべての電源、電話システムの遮断方法を発見すること」と、「DoDのコンピュータ・ネットワークへの不正侵入」という任務が与えられた。3カ月の

準備期間中、彼らはDoDのコンピュータ・システムに何度となくアタックを繰り返してシステムを調査し、その後、実際に〈攻撃〉を行った。

　結果、DoDの幹部に予想外の衝撃を与えた。チームは、もちろん実際に被害を与えることはなかったが、電力会社の送電をコントロールするシステムに侵入し、最上位の管理者権限を取得した。DoDのネットワークを支配する管理者権限も奪われ、太平洋戦域のアメリカ軍の指揮を麻痺させることが可能なことが示された。FBIとDoDはチームを追跡したが、発見できたのは〈1部隊〉だけだった。〈テロリスト〉たちは、町の電器屋で普通のパソコンを購入し、インターネットからダウンロード可能なフリーのツールと一般的な知識だけを使用して、これだけの〈戦果〉を上げたのだった。たった30人というきわめて小規模の〈軍隊〉でアメリカに戦争を挑むことが可能なのだ。これが、この演習から得たDoDの教訓だった。

3　現実に起こったネットワーク攻撃

　(1)　サイバーテロの兆候　　幸いなことに、「エリジブル・レシーバー」のような大規模なサイバーテロは、まだ現実には発生していない。しかし、それにつながるような兆候はいくつか認められる。

　2000年2月、アメリカで起こったサイバー攻撃はかなり深刻だった。ヤフー、アマゾンなどのアメリカの有名ウェブサイトが相次いで〈サービス妨害攻撃〉（Denial of Service：DoS攻撃）を受けた。DoS攻撃とは、ターゲットとしたコンピュータに大量のデータを送り付けて大きな負荷をかけ、当該システムをダウンさせたり、想定外の処理をさせたりする典型的なサイバー攻撃の手法のひとつである。特にこの事件では、DoS攻撃のなかでも〈分散型DoS攻撃〉（Distributed Denial of Service：DDoS攻撃）という手法が取られた。これは、あらかじめ不正アクセスによって複数の第三者のマシンに遠隔コントロールが可能な攻撃プログラムを仕掛けて、それを他のシステムを攻撃す

・・・

コラム⑫-1　オークション詐欺にあわないために

　インターネット上の取引情報を仲介し、電子商取引を促進させる「ポータルサイト」が急成長している。

　「ポータル」とは、門や玄関のこと。インターネット利用者を集めて様々な情報を提供し、ネットワークに付加価値を発生させるサービスだ。ポータルサイトに有効なビジネスモデルがあれば、広告収入、取引手数料などの売上が発生する。ネットオークションも、このような有力なビジネスモデルのひとつだ。ネットオークションでは、出品者が商品情報・最低落札価格などを提示して商品をセリに出し、最も高い値段をつけた者が落札する。簡単に参加でき、希少価値のある品物が見つかることもあり、大人気となった。しかし、ネットの匿名性と参加者に対する個人認証の甘さを突かれた詐欺事犯も続出している。

　ネット詐欺に刑法の詐欺罪を適用する上での理論的な問題があるわけではない。ただ、ネット取引は相手の顔が見えないという点がワナとなる。商品を落札すれば、

当事者間で具体的な交渉が開始される。企業対個人の場合は、代引きや後払いといった安全な方法があるが、個人対個人の場合は、まず代金を指定された口座に振り込むのが通例だ。振り込み後に商品が送られてこず、相手とも連絡が取れなくなれば、詐欺に遭ったとみていい。

　このようなネット詐欺師のカモにならないためにはどうすればよいか。

　現実社会と同様、詐欺師の甘い言葉に乗らないこと。代金振込みの前に、相手の住所・自宅の電話番号・メールアドレスなどを確認する。応対に不審を感じれば乗らないこと。何よりも個人認証が強化されているオークションサイトなら一応信頼はできる。十分普及していないが、出品者と落札者を仲介し、代金の振込み・支払い・商品の発送などを代行するエスクローサービスもある。もちろん、その場合には手数料が必要となるが、詐欺の被害にあわないためには高くはない保険料といえるだろう。

◆ 1 Winny（ウィニー）事件

適法な用途にも著作権侵害にも利用できるファイル共有ソフトWinnyをインターネットを通じて不特定多数の者に公開、提供した行為が、著作権法違反幇助に問われた事件。1審は有罪としたが、控訴審は無罪、最高裁も、「入手者のうち例外的といえない範囲の人が、著作権侵害に使う可能性を認容して、提供した場合に限って幇助に当たる」として無罪を支持した（平成23年12月19日判決）。本件の特徴は、適法にも違法にも使えるツールで正犯を幇助したという点である（中立的行為による幇助）。

◆ 2 標的型攻撃メール

標的型攻撃メールとは、ウイルスを仕込まれたメールを特定の者に対して送り付けるサイバー攻撃のひとつであり、最近特に問題となっている。標的型攻撃メールの特徴は、「標的型」とあるように、仕事や交友関係を装い、あたかも自分に関係するメールであるかのように、偽装されて送られてくる点である。標的型攻撃メールを受け取った者は、それがウイルスの仕込まれたメールであると疑うことなく、業務に関するメールだと信じて開封してしまい、コンピュータがウイルスに感染し、重要な情報が盗まれたりする。これを防ぐことは大変難しい。

◆ 3 コインハイブ事件

仮想通貨（暗号資産）は、特定のネットワークの中で「ある情報」を「通貨」として認め合った上で金銭的価値が生まれるが、その承認の仕組みが「マイニング（採掘）」と呼ばれる複雑な計算である。被告人は、「コインハイブ」というマイニングのためのプログラムを自己のホームページに埋め込み、それを見た訪問者が知らない間にそのパソコンにコインハイブがインストールされ、勝手に計算を行なうように仕組んだ。このプログラムが「不正指令電磁的記録」（刑法168条の2〜3）であるかが争われた。

不正指令電磁的記録は(1)反意図性と(2)不正性（反社会性）を要件とするが、最高裁は、マイニングについての同意がなく、その表示もないし、マイニングじたいが一般に認知されていなかったので反意図性は肯定できるが、マイニングじたいは仮想通貨の信頼性を確保するための仕組みであるし、社会的に許容されている広告表示プログラムと比較しても閲覧者のパソコンに与える影響は有意な差ではないので、本件は社会的に許容できる範囲内にあり、不正性は認められないとした（無罪）（最高

る「踏み台」として設定し、その多数の「踏み台」からターゲットとしたマシンに大量のデータを同時に送信する攻撃手法である。攻撃元が複数で、ターゲットとされたコンピュータが1つであった場合、その標的とされたコンピュータにかけられる負荷はかなり大きなものになる。DDoS攻撃は少なくとも現状では、ターゲットにされれば完全にそれを防御することは難しく、インターネットの根幹そのものに対する大きな脅威となっている。しかも、DoS攻撃やDDoS攻撃を簡単に実行できるツールがインターネット上で出回っていることも、問題を深刻にしている。[*1]

DDoS攻撃のための「踏み台」は、次の「LOVEウイルス事件」で使われたような手法によって作られていく。ウイルスと不正アクセスの境目が曖昧になっているのが現状である。

（2）**ウイルスによる深刻な攻撃**　初期のコンピュータ・ウイルスは、フロッピーディスクや文書ファイル等に寄生し、伝染していくタイプであったが、1999年頃よりメールを利用して拡散する、自己増殖を目的とした「ワーム」（自己増殖型不正プログラム）と呼ばれるものが急増した。

2000年5月、世界中にばら撒かれた「I LOVE YOU」というタイトルのメールもそのひとつである。メール本文に書かれた「kindly check the attached LOVELETTER coming from me.」（添付した私からのラブレターを開いてね）という言葉に誘われて、「LOVE-LETTER-FOR-YOU.TXT.vbs」という添付ファイルをダブルクリックしたとたん、中に潜んでいたウイルスがPC内のファイルを破壊し、さらに特定のメールソフトのアドレス帳に登録されているすべての者に対して、「I LOVE YOU」とまったく同じ内容のメールを自動的に送信した。日本でもこのウイルスは確認されたが、幸いにも5月の連休中でのことであり、最小限の被害にとどまった。[*2]

このようなネットワークに対する現実の攻撃が、外部から閉ざされた閉鎖的なネットワークを刑法的に保護する必要性を高めたのだった。[*3]

4　不正アクセス禁止法の施行

（1）**不正アクセスに対する刑事法的対応**　1990年代半ばにインターネットが大ブレイクし、他人のIDやパスワードを不正に使用してコンピュータ・ネットワークに無権限で侵入したり、権限を超えて侵入する不正アクセスが目立つようになる。ネットワーク侵入後にファイルの改ざんや消去などを行う〈クラッキング〉は、電磁的記録不正作出罪（刑法161条の2）や電子計算機損壊等業務妨害罪（同法234条の2）などに該当するが、ネットワークに単に侵入するだけの不正アクセスは〈ハッキング〉と呼ばれ、従来処罰規定が存在しなかった。しかし、欧米では既に80年代から積極的にコンピュータ犯罪について新たな立法が行われ、不正アクセスについても一定の犯罪化が行われてきた。

ネットワーク犯罪の特徴のひとつは、国境を越えて犯罪が行われる点である。[*4]外国から不正に日本のネットワークを経由して外国で犯罪を犯した場合、日本に処罰規定がなければ、日本の警察は海外からの捜査協力要請に応えることができない。この点で、日本が外国のシステムへの侵入拠点となるだけではなく、日本が標的とされるおそれもある。国際会議では何度となくハイテク犯罪対策が主要議題のひとつとして取り上げられ、具体的な行動計

画の策定と実施が日本の課題となっていた。このような国際的な動きを背景に、1999年に「不正アクセス行為の禁止等に関する法律」（以下、不正アクセス禁止法という）が成立し、翌2000年2月から施行された。

法律は、ネットワーク犯罪を防止し、電気通信の秩序を維持し、高度情報通信社会の健全な発展に寄与することを目的とし（不正アクセス禁止法1条）、電気通信回線に接続され、かつアクセス制御機能（IDやパスワード等によって、各ユーザーに対してあらかじめ許可された以上のアクセスを禁止するための技術的措置）が設けられているコンピュータに対する侵入行為を不正アクセスと定義する（同法2条）。法定刑は、3年以下の懲役または100万円以下の罰金である（同法11条）。

（2）**不正アクセスの類型**　不正アクセス行為については、基本的に2つの類型が設けられた。ひとつは、他人の識別符号を用いて不正にネットワークにアクセスする〈識別符号盗用型〉であり（2条4項1号）、もうひとつは、セキュリティの弱点を突いて不正にアクセスする〈セキュリティ・ホール攻撃型〉である（同条同項2号および3号）。

IDやパスワードなどの識別符号は、ネット空間でアクセス権限ある本人であることを識別・認証する最も一般的な手段である。ハッキングに成功すれば、いわば他人の指紋を残しながら堂々と犯罪を行うことができるため（成りすまし）、実際にはハッキングが様々な犯罪行為の最初のステップとなるおそれがある。この識別符号盗用型の類型では、パスワードなどの管理についてのいわば人間の心理的な弱点を突いて行われる。その意味で、この侵入類型は技術的なセキュリティだけで対抗できるものではなく、規範的な規制が重要となる。これに対して、セキュリティ・ホール攻撃型においては、プログラムミス（バグ）などのセキュリティにおける論理的な脆弱性が不正アクセスの手段として利用される。したがって、この類型では刑法的な予防よりも技術的なセキュリティを強化することこそが有効な対策となる。

（3）**不正アクセスの法的性質**　不正アクセスの刑法的規制を考えると

裁令和4年1月20日判決 判例秘書L07710002）。

大量のスパムメールやフィッシングメールによる無断マイニングが世界中で問題になっている。最高裁は、無断マイニングが完全に適法だとしたわけではなく、プログラムの利用方法が問題だとしながら、どのような利用方法が社会的な許容範囲を超えるのかについては明確な基準は提示していない。

4　サイバー犯罪条約

国境を越えて行われるサイバー犯罪に対して、加盟国の間で協力してコンピュータ記録の保存や提供が行えるよう各国で法律を整備することなどを目的とした条約。欧米の主要30カ国が署名・採択し、日本についても2012年から効力が生じている。本条約では、違法なアクセスや傍受などの犯罪化のほか、データやシステムの妨害、コンピュータに関連する偽造や詐欺、児童ポルノに関連する犯罪、著作権などの権利の侵害に関連する犯罪などが規定されている。

コラム⑫-2　T銀行オンライン詐欺事件

日本初の本格的なコンピュータ犯罪として関係者を震撼させたのが、1995年に起こった「T銀行オンライン詐欺事件」だった。この事件では、電子決済システムのひとつであるファームバンキング・システムのうち、都度指定振込が悪用された。このシステムを利用すれば、事前登録振込とは異なって、利用の都度、振込先を指定することによって、顧客のパソコンからの操作で顧客の口座から他の口座への振込み、振替えができた。システムの安全性は、固定暗証番号（4桁）と利用のたびに変化する可変暗証番号（3桁）、確認暗証番号（4桁）、そしてそれらを別の数字に変換する暗号システムによって担保されていた。可変暗証番号は、利用者にしか次の番号がわからない仕組みだが、変化のパターンさえ知れば、顧客データの最新記録から次の番号が高い確率で類推できたのだった。

犯人は、まず銀行のデータベースから暗証番号を引き出し、暗号を解析した。次に、固定暗証番号だけで利用

可能な照会サービスを使って、ターゲットとした口座の取引回数から可変暗証番号の変化パターンを突き止めたのであった。T銀行では、その変化パターンが1通りしかなく、しかも1ずつ加算されるという驚くべき単純なものだった（事件後、改善された）。

裁判所は、本件に電子計算機使用詐欺罪（刑法246条の2）を認めた（名古屋地裁平成9年1月10日判決）。本条の「電磁的記録」は、財産権の得喪・変更に直結するものという限定があるが、銀行のオンラインシステムにおける元帳ファイルなどはその典型例であり、解析した他人の暗証番号を利用して、銀行のコンピュータに虚偽の振込送金情報を入力する行為も、単純に構成要件に該当する。事案の刑法的処理に特に問題があるわけではない。ただ、オンラインの不正操作が閉鎖的な業務用ネットワークを超えて銀行の外に広がった日本初の本格的なコンピュータ犯罪として、ここに紹介する。

き、その当罰性・処罰根拠については基本的に２つの考え方がある。クラッキングの未遂罪ないし予備罪的な行為と考えるか、ネットワークにおける社会的経済的な安全性や信頼性を侵害するという独自の当罰性をもった行為と考えるかである。クラッキングはハッキングの発展段階であるから、ハッキングの段階まで処罰時期を早めることについては一定の合理性は認められる。しかし、すべてのハッキングがクラッキングを意図し、それに連動するものではなく、また、わが国ではサービスや情報の不正入手のすべてが犯罪とはされていない以上、ハッキングを未遂罪ないし予備罪的な性格をもつものとして構成することには無理がある。そこで、ハッキング自体に当罰性が認められるのかが問題となる。コンピュータ・ネットワークの社会的経済的な重要性がますます増大する以上、クローズドなシステム自体に法的保護を与えることは必要であり、不正アクセスをいわば電子的な不法侵入罪として構成することは可能だろう。住居侵入罪では物理的な侵害が要件となっているが、ヴァーチャルな世界では、一定のアクセス制御システムを破ることがこれに相当する。法律もこのような趣旨で、保護の対象をアクセス制御が施されたネットワーク・システムに限定し、このアクセス制御の不正な解除を要件としたのであった。[5]

➡ 5 ACCS事件
　コンピュータソフトウェア著作権協会（ACCS）の個人情報流出事件で、初めて不正アクセスの意義が問題になった事件。ACCSのWebサイト上にある、アクセス制御機能のない入力フォームのCGIプログラムに脆弱性を発見し、これを利用して個人情報のログファイルを引き出した行為が、アクセス制御機能を違法に回避したものか否かが問題になった。判決は、コンピュータのどこか一部にでもアクセス制御がなされていればよいとして、有罪とした（東京地裁平成17年3月25日判決、確定）。

(4)　2012年改正　　近時、インターネットバンキングを利用した不正送金事件や大手企業、中央官庁、衆参両議院などに対する重大なサイバー攻撃が発生し、外部に対して閉ざされたネットワークの保護を強化する必要性が生じた。そこで、不正アクセス行為の禁止の実効性をより高めるために、①他人の識別符号の不正取得行為の禁止（不正アクセス禁止法4条）、②他人の識別符号の不正保管行為の禁止（同法6条）、③識別符号の入力不正要求行為の禁止（同法7条）の罪が罰則付きで新設された（12条、1年以下の懲役または50万円以下の罰金）。また、従来から規定されていた不正アクセス助長行為の禁止（同法5条）についても処罰範囲が拡大され、不正アクセス罪そのものについても、法定刑の引き上げが行われた（3年以下の懲役または100万円以下の罰金）。

　①不正取得罪と③不正保管罪は、不正アクセス行為につながる危険性を有する行為を処罰するものであり、③識別符号の入力不正要求罪は、フィッシング行為の禁止規定である。フィッシング行為については、偽のサイトに誘導する類型と、電子メールを送信して誘導するというメール送信型の類型とがある。それぞれ、不正アクセス禁止法の7条1号と2号において規定されている。本罪では、他人の識別符号の入力を不正に要求する行為が処罰対象であるから、他人の識別符号を実際に取得したことは要件ではなく、1号の罪については、偽サイトを公開した時点で、また2号の罪については、当該電子メールを送信した段階でそれぞれ既遂となる。なお、偽サイト誘導型においては、企業の偽のホームページを作成して公開した段階で、著作権法違反の罪も成立していることはいうまでもないことである。

(5)　その他の問題　　ウイルスによる攻撃のほとんどは電子計算機損壊等業務妨害罪（刑法234条の2）に該当するが、予備や未遂行為が処罰されないため、特定の日時に動作するように設計されたウイルスを送付したとしても、送付時点ではまったく合法的なファイル送信行為と判断される可能性があった。そこで、2011年の刑法一部改正によって、刑法168条の2の規定が新設され、1項では、コンピュータ・ウイルスの作成と提供が、2項では、

ウイルスの供用（他人のコンピュータに正当な理由なく実行させること）が処罰されるようになった（法定刑は、3年以下の懲役または50万円以下の罰金）。また、刑法168条の3では、正当な理由がなく、人のコンピュータに実行させる目的で、コンピュータ・ウイルスを、コンピュータ・ウイルスと知った上で取得する行為や保管する行為が処罰されている（法定刑は、2年以下の懲役または30万円以下の罰金）。なお、2022年6月の刑法改正により2025年までに「懲役」は「拘禁刑」に変わる）。

5　設例について

設例のケースは、よくありがちなケースだが、実は不正アクセス罪という重大な犯罪行為であることを知るべきである。電子メールは、通常はIDとパスワードによってアクセスを制限する「アクセス制御」（2条3項）であり、メールサーバというネットワークに直結されたコンピュータ（サーバ）に保管されている。これは、「電気通信回線に接続している電子計算機」、つまり、「特定電子計算機」（同条1項）であり、IDとパスワードは、「識別符合」（同条2項）である。A子は、B男の識別符合を無断で使用し、「アクセス制御機能を有する特定電子計算機に電気通信回線を通じて当該アクセス制御機能に係る他人の識別符号を入力して当該特定電子計算機を作動させ、当該アクセス制御機能により制限されている特定利用をし得る状態にさせる行為」を行ったのであるから、不正アクセス罪（同法3条）に該当する。なお、個々のユーザーが、パスワードを適正に管理することも重要である。ネットワークの利用者がほんの少しセキュリティに配慮するだけでも、ネットワーク全体の安全性が飛躍的に高まる。自らには一切の悪意がなくても、セキュリティに無防備なユーザーが、知らない間に社会に大きな迷惑を与えていることがある。個人がネットワークで他とつながるということは、こういうことなのである。

➡6　デジタルフォレンジック（digital forensics）
犯罪捜査や法的紛争などで、電子機器に残る記録を収集・分析し、その証拠性を明らかにする手段や技術のこと。デジタルデータは、コピーや消去、改ざんが容易であるので、押収した記憶装置から証拠となるデータを抽出したり、サーバや通信機器などに蓄積された通信記録から違法行為の証拠となる活動記録を割り出したり、破壊・消去された記憶装置を復元して証拠となるデータを割り出したりといった、サイバー犯罪に関係する犯罪における捜査手法として注目されたが、今では一般の刑事事件などでも捜査や立証に活用されるようになってきている。

うらむ⑫-3　ナイジェリアからの419詐欺メール

統計上、世界で30億人以上がインターネットを利用している。インターネットへの入り口も、パソコンやモバイル機器、携帯電話など多様化し、世界中の人々が、24時間デジタル情報を生産し、消費している。そして、どこかの端末では、人の心理的な弱点を知り尽くした詐欺師たちもキーボードに手を置いている。

今でも被害が後を絶たない「419詐欺」とは、どのような犯罪なのか。

ネット詐欺師とはある日突然、つながってしまう。

たとえば、南アフリカの銀行から米国に1,000万ドルを送金するのを手伝ってくれれば、300万ドルを謝礼として支払うとのメールが届く。ただし、送金できるようにするには、事前に賄賂や手数料を多少支払わなければならない。それをまず振り込めという。差出人は、失脚したアフリカの政治家や軍の高官だったり、時には莫大な遺産相続人だったりする。メールの大半がナイジェリアからの発信であり、この種の詐欺を処罰しているナイ

ジェリア刑法419条から、このネット詐欺は「419詐欺」や「ナイジェリアからの手紙」と呼ばれている（なお、今ではメールの発信源は世界中に広がっている）。

こうしたメールに返事は禁物だ。しかし、詐欺師にとっては、メールを送信した数百万人のうちの1％でも、疑いながらもあわよくばと撒いたエサに食いつけばよい。詐欺師の垂れた釣り糸に被害者が食いついたら最後、釣り針は抜けず、気づいたころには、銀行口座はカラになっている。「419詐欺」により、全世界では毎年何十億ドルもの被害があるといわれている。

実は、この手の詐欺は、何十年も前から存在しており、手書きのエアメールやファックスに代わって電子メールが利用されているにすぎない。手口はあくまでも古典的である。ただひとつ違うのは、何百万という数の多さだが、詐欺師はたった1通のメールを書き、送信ボタンをたった1回クリックしているだけなのである。

13

18歳からはじめる情報法

行政手続のオンライン化はどのように法規制されているのだろうか

設例　A君の親戚の家族が引っ越しをすることになった。引っ越しをしようとすると行政機関への住所変更、保育所や学校の転校手続などいろいろと各種の行政機関の手続が必要となる。その前に、所得税の確定申告もしなければならないらしい。わざわざ役所の窓口に出向いて紙の書類で何度も似たようなことを書いて手続をしなければならないのだろうか。それとも電子化は行政との関係でも進められて効率化してきているのか。A君は行政の電子化とそれにかかわる法制度について調べてみることとした。

1 e-Japan 戦略と行政の電子化

　わが国においては、これまで、e-Japan戦略に基づき2005年までに世界最先端のIT国家を目指し、電子政府・電子自治体の実現に向けた様々な改革を行い、その後も多様なIT戦略がとられてきた。そして現在も国や地方自治体のレベルで行政の内部および外部での電子化へ向けた改革が進められつつある（手続の電子化率については、資料⓭-1参照）。2021（令和3）年9月には、デジタル社会の形成に関する施策を迅速かつ重点的に推進するため、デジタル社会の形成に関する行政事務の迅速かつ重点的な遂行を図ることを任務とするデジタル庁が設置され様々な改革がなされてきている。
　わが国においては、2002年12月13日に、既存の行政手続をオンライン化することを認め、オンライン行政手続を実現するためのいわゆる行政手続オンライン化3法、すなわち「行政手続等における情報通信の技術の利用に関する法律」（平成14年法律第151号、いわゆる行政手続オンライン化法。現行名称は「情報通信技術を活用した行政の推進等に関する法律」）、「行政手続等における情報通信の技術の利用に関する法律の施行に伴う関係法律の整備等に関する法律」（同152号）、「電子署名に係る地方公共団体の認証業務に関する法律」（同153号、いわゆる公的個人認証法）が制定され、行政手続のオンライン化を可能とするための基本的な法制度が整備された。さらに、同法を施行するための政省令も整備され、オンライン行政手続が実施されている。また、同法による直接のオンライン可能化の対象となっていない（オンライン化法3条1号、8～11号、13条1項参照）地方公共団体の条例または規則に基づく手続についても、それぞれの地方公共団体によりオンライン化を可能とするための準備が進められてきた状況にある（その例として、東京都行政手続等における情報通信の技術の利用に関する条例（平成16年条例61号）など。規定内容は、オンライン化法とほぼ同内容である）。

➡1　政省令
　法律の委任を受けまたはそれを執行するために行政機関が定める法規範のうち、政令は内閣が定め、省令は各省の大臣が定めることとされているものをいう。

2 行政手続オンライン化法の概要

（1）**通則法としてのオンライン化法**　行政手続オンライン化法は、**通則法**として、行政手続のオンライン化についての通則的な規定を定める最も基本となる法律である。オンライン化法は、すべての行政手続（裁判手続、刑事事件等の手続を除く。オンライン化法3条8号括弧書参照）について、原則的にオンライン化を可能とするための通則法であり、行政機関等にオンライン化に関する**裁量権**を与える法律である。同法は、**行政手続法**で規律対象とされた行政処分手続、行政指導、届出のみならず、それ以外の行政と私人との手続（個別的な手続のみならず、縦覧等も含む）および行政の内部的な文書作成・管理をも電子化することを承認したものである（オンライン化法10条による適用除外あり）。同法は、根拠法区分主義をとっており、国の法令を根拠とする手続等については同法により、電子化を承認することにしている。同法により、従来多くの場合に文書によることを指定されていた行政処分手続、行政契約手続などばかりではなく、不服申立手続も含めて、より広く行政手続の電子化が可能になった。

（2）**オンライン化法の目的と適用範囲**　オンライン化法は、申請、届出その他の行政手続について、ICT技術を利用することにより、「手続等に係る関係者の利便性の向上、行政運営の簡素化及び効率化並びに社会経済活動の更なる円滑化を図」ることを目的（同法1条）としている。その規律対象は、同法3条2号で定める「行政機関等」が国民等との間で行う、「**法令に基づく**」申請等の行為について、法令上、書面等によることを求めている場合であっても、それを通則法的規定により電子的に行うことを承認し、書面での行為に適用されるべき法令を電子的な手続等についても適用することとし、さらに申請等の通知の到達時期等についての定めを置くものである。

オンライン化法は、通則法として、他の個別法上の手続を分野横断的に電

▶2　通則法
　一般原則（通則）を定める法律を意味する。特則を要する事案については、特則を優先させて適用されるが、通則法の内容をみることにより、一般原則がどのようになっているのかがわかる。特則があれば通則に優先して適用される（特別法は一般法を破る）。

▶3　裁量権
　物事についての専門的政策的な判断および決定の権限のことを指す。裁量権が認められる事項については法律等で一律に拘束されることなく、判断の余地が認められる。

▶4　行政手続法
　一般に、行政手続法とは、行政機関が行政権を行使する上で踏むべき手続に関する法を指すが、具体的な法律としては、行政処分、行政指導、届出に関する手続及び命令等を定める手続について共通する事項を定める平成5年法律第88号のことを指す。

▶5　法令に基づく
　ここでは、地方公共団体の法規範である条例や首長の規則等を除外し、国の法律、政省令等に基づく行政活動を意味している。

資料⓭-1　国と地方の手続電子化の状況

国の手続きにおけるオンライン利用率（オンラインで実施可能な手続におけるオンライン利用件数の割合）の推移

オンライン利用拡大行動計画（2008）

26.8（2008）　31.5（2009）　31.8（2010）　38.5（2011）　41.2（2012）　44.1（2013）　45.4（2014）　47.3（2015）　53.0（2016）　55.0（2017）　60.0（2018）

新たなオンライン利用に関する計画（2011）

官民データ活用推進基本法施行（2016）

地方公共団体の手続きにおけるオンライン利用率（オンライン利用促進対象手続におけるオンライン利用件数の割合）の推移

電子自治体オンライン利用促進指針（2006）

11.3（2005）　17.5（2006）　23.8（2007）　27.6（2008）　36.1（2009）　41.0（2010）　40.0（2011）　42.6（2012）　45.2（2013）　47.1（2014）　49.1（2015）　51.2（2016）　52.3（2017）　52.6（2018）

出所：『令和3年版情報通信白書』

子化する立法を行うとともに、個別法上、特別の規定を置くべき事例については、個別法の改正を行う前述した整理法が別途制定されたものである。

　行政手続等を実施する機関の範囲は、裁判所および国会の手続を除く内閣を頂点とする国の機関および会計検査院（3条2号イ、ロ）、地方公共団体（ハ）、**独立行政法人等**[6]（独立行政法人（ニ）および地方独立行政法人（ホ）、特殊法人および認可法人のうち政令で指定するもの（ヘ）、**指定機関**（ト）[7]）であり、さらに独立行政法人等の長（指定機関で法人以外のものを除く）（チ）が列挙されている。

　これらの機関の作用のうち、「手続等」（3条12号）として定義される、申請等（8号）、処分通知等（9号）、縦覧等（10号）、または作成等（11号）の定義により画定される作用が、それぞれ6条、7条、8条または9条により、それぞれオンライン化可能なものとしての通則的な取扱いを受けることになる。オンライン化法は、6条ないし9条において、手続等についてのオンライン化を創設的に認めて、いわゆるオンライン化を可能としているが、手続等の内容により、申請等および処分通知等と、その他の縦覧等、作成等の規定内容が異なっている。

　⑶　**申請等および処分通知等について**　　6条および7条は、それぞれ申請等および処分通知等についてオンライン化を可能とする規定である。これらは、まず、個別の法令により書面を意味する用語（「書面」、「○○書」、「○○証」等）が使われている場合には書面等によることに限定され、オンラインでの手続はできないものと解されうることを前提として、こうした規定があるときにおいても、本条により、オンライン化を可能とする創設的な規定である。さらにこの場合、オンライン化を強制して電子手続のみ認めるのではなく、書面等による手続に加えてオンライン化を可能とする規定となっている。

　これら6条および7条は、「**主務省令**で定めるところにより、主務省令で定める電子情報処理組織（行政機関等の使用に係る電子計算機（入出力装置を含む。以下同じ）とその手続等の相手方の使用に係る電子計算機とを電気通信回線で接続した電子情報処理組織をいう。…中略…）を使用」[8]して行わせることを行政機関等に授権している。これらは、オンライン手続の利用を国民等の権利として認めているのではなく、行政機関側の裁量判断により、主務省令で定める細目にしたがい行わせることを授権しているのである。

　さらにこれらは、電子情報処理組織を利用してなされた申請等および処分通知等につき、書面等によりなされたものとみなして、**法令の適用**を行うこととしている（6条2項、7条2項）[9]ほか、申請等および処分通知等が、それぞれ相手方の「使用に係る電子計算機に備えられたファイルへの記録がされた時に」それらが、相手方に到達したものとみなしている（6条3項、7条3項）。

　書面等による手続では、法令の規定により署名等が必要な場合には、それぞれ6条4項および7条4項により、「氏名又は名称を明らかにする措置であって主務省令で定めるものをもって」署名等に代えることを承認し、主務省令により署名押印等に代わる電子署名等の措置を指定して、署名等に代えることが指定されることになっている。

　⑷　**縦覧等および作成等**　　次に、それぞれ縦覧等および作成等について定める同法8条および9条は、⑶で述べたのと同様に、縦覧等および作成等

▸6　独立行政法人等
　同法施行令1条により、87の特殊法人の一部、国立大学法人、認可法人の一部、その他公共組合、地方3公社が列挙されている。

▸7　指定機関
　ここでいう指定機関は、行政事務（行政の業務）を行政に代わって代行する権限を法令が与えている場合の民間の機関をいう。法令により公務員とみなされる、いわゆるみなし公務員規定の存在を要件とはしていない。

▸8　主務省令
　ある事柄を所管する省庁の大臣が制定する法規範を指し、「施行規則」と称されることもある。また複数の省庁が共同で所管するものもある。

▸9　法令の適用の例
　書面等での申請等や処分通知等またはその不作為が、罰則の適用の対象とされ、あるいは別の法的行為の期限の起算点となる場合の規定の適用などが想定されている。

について主務省令で定めるところにより、オンライン化、電子化を認めるとともに（8条1項、9条1項）、それらの作用に対して、書面等により行われたものとみなして法令の適用をすることとしている（8条2項、9条2項）。さらに作成等についての9条3項は、文書作成につき署名等をすることを求められているものについて、(3)で述べたと同様の「氏名又は名称を明らかにする措置であって主務省令で定めるもの」でもって署名等に代えることを認めている。

3　オンライン化の細目の例

　以上のようなオンライン化法の規定に基づいて、主務省令において、オンライン化の細目規定が定められることになる。そこでの委任の細目は、オンライン化の対象手続等、使用する電子情報処理組織の内容、電子署名の要否とその内容、添付書類の取り扱い、オンラインで処分通知等をする場合の相手方の承諾または同意の要否(この点は任意とされる)などであるとされている。

　以下では、その一例として、「総務省関係法令に係る情報通信技術を活用した行政の推進等に関する法律施行規則」(平成15年3月24日総務省令第48号)の内容をみておこう。

　同施行規則は、申請等については、「行政機関等の定めるところにより、当該行政機関等の指定する電子計算機に備えられたファイルに記録すべき事項又は当該申請等を書面等により行うときに記載すべきこととされている事項を、申請等をする者の使用に係る電子計算機から入力して」申請等を行わなければならないとする（同規則4条1項）。その場合においては、ただし書に定める特例的な申請者等確認措置をとる場合を除いて、「電子署名を行い、当該電子署名を行った者を確認するために必要な事項を証する電子証明書と併せてこれを送信」しなければならないとされている（同条2項）。同条では、さらに、複数部の申請書等が求められる場合について1回の申請等で

・・

うらむ⑬-1　ワンストップサービス

　ワンストップサービスまたはシングルウィンドウシステムとは、電子政府の理想を示す言葉である。わが国の行政の仕組みもご多分にもれず、複雑で多元的な行政からなりそれらとの行政手続が国民等には必要になることがある。国、都道府県・市町村などの地方公共団体、独立行政法人、地方独立行政法人、特殊法人など複雑で多元的な構造を示している。国の場合でも、地方出先機関で手続ができるのか、中央の事務所にしか手続窓口がないのかなど、それぞれの行政機関の管轄も問題となる。たとえば、奨学金の返還手続は、文部科学省や地方公共団体ではなく、独立行政法人日本学生支援機構が担当している。

　こうした個々の手続のための窓口を国民の負担で探し回ってしなければならないという紙の世界の対局にあるといってよいのが、電子化したワンストップサービスの世界である。卒業に際して、住所変更、運転免許の住所変更、奨学金返還手続、水道契約解除、ガス契約解除、

新聞契約解除などなど多くの手続をネット上ワンストップで、シングルウィンドウで済ませることができることは、ネット社会の理想像といってよい。

　ワンストップ化の改革がすすめられることで、地理的な困難のみならず、それぞれの行政機関等の権限等を超えてネット上に集約して手続を可能にする。ICT技術上は、こうしたワンストップ化の改革はいわばお手の物であって、関係業界が合意さえできれば、自宅に居ながらにして、卒業、転居、出生などなどの人生のイベントの手続がオンラインで可能となるであろう。役所をたらい回しにされるのではなく、市民中心で手続が俯瞰的に集約されているという状況が実現するのである。輸出入貿易の通関等にかかわるNACCS(集中通関システム)など、ワンストップサービスの優等生が知られているが、今後はより一般市民の生活向上に向けたサービスの改善が着実に進められることが望まれる。

➡10　マルチペイメントネット
ワーク
　税金や公共料金、各種料金など
の支払いをパソコン、携帯電話や
ATM から行うことができるサー
ビス。PayEasy（ペイジー）と
称される。行政手続では、各種許
認可申請に際して手数料等の納付
に利用される。

➡11　汎用受付等システム
　1つのポータルサイト上で、各
種の複数の許認可申請や届出、そ
れに対する結果通知など複数の手
続ができるシステムのことを汎用
受付等システムという。汎用受付
等システムについては総務省によ
り仕様が策定され、各省庁の電子
申請システムに反映されている。

すます旨の規定（同条3項）、さらには、マルチペイメントネットワークなど[10]を利用して、手数料の納付を行わせるために、納付情報により手数料を納付することを認め、手数料支払のプロセスをオンライン化に対応させるための規定（5条）を置いている。

　一方、処分通知等については、「当該処分通知等を書面等により行うときに記載すべきこととされている事項を行政機関等の使用に係る電子計算機に備えられたファイルに記録しなければならない。」（同規則8条）とのみ規定している。この場合、いわゆる「汎用受付等システム」[11]を利用して処分通知等の情報を行政機関側サーバーのファイルに記録することを求めているのであるが、実際の処分通知等は、電子メール等で相手方に処分通知等のダウンロードを求める通知が送られ、相手方が汎用受付等システムにアクセスして、当該処分通知等ファイルをダウンロードすることにより、申請者等の側の電子計算機に記録されて通知されたこととなるのである。なお、他の府省の規則では、処分通知等に電子署名をなし、電子証明書とあわせて記録することを定める例（例：財務省関係法令の情報通信技術を活用した行政の推進等に関する法律施行規則（平成15年3月28日財務省令第17号）7条など）もある。

　同施行規則2条2項1号および2号ならびに13条により、氏名または名称を明らかにする措置であって主務省令で定めるものは、電子署名とただし書（4条2項ただし書）に規定する措置とされ、電子署名の際に利用される電子証明書は、公的個人認証サービス、電子署名法に基づく認定特定認証業務および法務省の法人登記に基づく法人認証の3つの認証業務で発行される電子証明書を定めている。

　この事例に代表されるように、わが国では電子的な申請等および処分通知等を実現するために、汎用受付等システムを中心としながら専用ソフトをも利用して、データの送受信を行うシステムが採用されている。またさらに、あくまでも法的には、個別の主務省令で定められている内容を具体的に調査することにより、電子化の具体的な内容が見て取れる仕組みになっている点に注意が必要である。そして各省庁の担当する個別の許認可等の申請等について個別に検討をして主務省令で整理したものが、電子的な行政手続の総体を形作っているのである。

4　行政手続の認証方法

　以上のように個別の行政手続が電子化される上では、様々な手続の簡素化や見直しなど手続面からの再検討もされ、認証手段についても様々なものが用意され選択されてきている。電子化に対応して国民（国民たる自然人）に提供されることとなったいわゆる公的個人認証（公的個人認証法に基づく認証業務）など、以下のような多様な認証手段が用意され利用されている。

　何人に対してでも提供される手続の場合は、認証手段は特に不要かもしれないが、行政手続でも高度の厳格さを要しない手続については、認証手段としてIDとパスワードを必要とする知識による認証手段がとられている（ID・パスワード方式）。もちろんID・パスワード方式では、IDの事前発行とパスワード登録などの管理がそれぞれ煩雑になる。さらに、行政手続へのアクセスに本人確認の厳格さを要する手続のためには、改正公的個人認証法による利用者証明用証明書・利用者証明認証業務が利用される。本書❾で触れた公

的個人認証法は、いわゆる個人番号法（「行政手続における特定の個人を識別するための番号の利用等に関する法律」平成25年法律第27号）の制定にあわせて改正され（行政手続における特定の個人を識別するための番号の利用等に関する法律の施行に伴う関係法律の整備等に関する法律による改正）、利用者証明用電子証明書を発行して、個人番号カード（番号法17条）に収納したものを利用し、PKI技術を利用したアクセス時の本人認証機能を提供するようになっている。個人ポータル（うらむ⑬-2参照）へのアクセス時などには、アクセス権限を有する本人であるかどうかをPKI（本書⑨-2参照）により厳格に検証して、アクセスの可否が判断されることになる。また、厳密にはアクセス制限機能ではないが、前述3の例のように電子署名を利用して、提出されたデジタルデータから手続の本人を確認し手続を進める手法も厳格な認証手段に分類できる。この場合は、本書⑨で扱われた複数の認証手段（署名法に基づく認定特定認証業務、商業登記に基づく法人認証、公的個人認証法に基づく署名用証明書を利用した認証業務）が利用可能になっている。

　以上のように、現状では、ID・パスワード方式と電子署名（PKI）を要する方式とに認証方式が二分されているといえるが、最終的には、一方で、認証手段の多様化・発展（うらむ⑨-3）と、他方で、ばらばらな認証方式の一元化による利便性の向上の要請とに配慮して、最終的には、個々のユーザーの利便性と行政手続の安全性・信頼性とのバランスをどのようにとっていくのかの検討がなされていく必要があろう。

・・

うらむ⑬-2　個人ポータル

　個人番号法により新たに導入されることになった点のひとつに認証サービス用証明書の個人番号カード中への組み込みがある。これにより、個人番号カードを保有する者であることに基づく厳格な認証サービスが実現されることとなった。この厳格な認証サービスが行政等のどのような分野で利用されていくかについては未知数の部分が多い。しかし、IDとパスワード形式ではリスクの多いアクセス認証の分野で、確実な本人認証の仕組みが導入されることの意義は大きいといえよう。

　政府は、個人番号カードの認証機能を利用して、個人データがどのように行政機関内で利用されているかなどを一覧的に知ることができる個人ポータルサービスを開始することを計画し実施に移してきている。複雑で巨大な行政機関が個人のデータをどのように扱っているかなど非常に重要な情報であるが、なお、一般国民にとってのその有用性が国民に共通なものであるかどうか検討されるべきであるし、一方でその拡充も含め不断のチェッ

クが必要であろう。

　また、個人が申請し、利用している許認可などについても、個別の手続ごとに情報が分散して手続がなされていく現状については、煩わしさが残っており、改善の余地がある。そこで、申請・利用している許認可等についても、各人の関係分を総覧的・俯瞰的にまとめて提供することも実施に移されつつある。そうしてまとめられた個々の許認可等の事項から、リンクをたどって許認可等の更新等が可能になれば、便利な状況になるであろう。

　しかしながら、一方で、番号カードによる厳格な認証を前提としているとはいえ、一枚のカードによる認証の先にあらゆる情報がとりまとめられて提供されるという事態になれば、いったんこうした認証が破られ、危殆化したときに、あらゆる情報等がごっそりと他人の知るところとなり、申請等がなりすまされて処理される重大なリスクへも対処が必要であろう。

18歳からはじめる情報法

14

民間の電子化に関する法制度は
どこまで進んでいるのだろうか

> **設例** A君の家庭は、個人事業者として事業を営んでいるが、事業にかかわってはいろいろ雑多な会計帳簿や領収書等の保存義務があると聞いたことがある。病院のカルテも5年間は保存義務があるというし、カルテだけではない検査データや各種の検査のデータもどんどん電子化している。いったい、民間事業者の文書の作成、利用、保存等は、法制度上、どのように電子化に対応しているのだろうか。A君の本章での調査課題は、民間部門の電子化への法的対応の現状と課題である。

1 各種法令上の文書保存義務と電子化

電子化の波は、民間部門においては怒濤のように進められてきているが、法制度は、それにどのように対応しているのだろうか。一般的な法令として、たとえば、各種の契約書等は、契約上の債権債務が存在しあるいは紛争の可能性がある限りにおいて、証拠として保存される必要がある。たとえば、契約に基づく債権の消滅時効は10年とされているので、契約書は契約期間プラス10年の保存が基本的に必要な文書の例といえる。また、たとえば会社法は、株式会社の株主総会の会計帳簿等および**貸借対照表**などの計算書類の作成・保存を義務付けているが（保存期間10年。会社法432条、435条参照）、それも紙の書類によるのか、電子媒体でも保存することができるのか。あるいは医師法は、医師が患者を診療したときは診療録を作成し、それを5年間保存する義務を定めている（医師法24条）等々、民間部門でも膨大な量の紙の書類を作成、利用、保存することが法令により定められている。それら膨大な文書保存にかかわって、電子化がどのように許容されているのか、その法的仕組みが本章の課題ということになる。

2 e文書法の基本原則

2004（平成16）年12月にいわゆるe文書法が交付された。e文書法とは、民間事業者等が行う書面の保存等における情報通信の技術の利用に関する法律（平成16年法律第149号、以下，通則法という）のことであり、民間事業者等が行う書面の保存等における情報通信の技術の利用に関する法律の施行に伴う関係法律の整備等に関する法律（平成16年法律第150号、以下，整備法という）とあいまって、民間部門の電子化の基本原則とその例外を定めている。これらは、前章でも述べられてきたように、わが国の電子政府化、電子社会化を目指す一連のe-Japan戦略の実施過程のなかで制定された法律である。このe文書法によって、これまで紙の書類の作成や保存でなければ法令上認められなかった民間事業者の文書保存についての規制が緩和され、原則として電

→1 貸借対照表
商人（会社を含む）には作成が義務付けられている文書で、商人のある時点における営業上の財産の構成状態を示すため、資産、負債、資本を種類別の項目にまとめて各項目の価額を記し、これを貸方、借方の欄に分けて記載した概括表（商法19条、会社435条・617条等）。

→2 電子カルテ
医師法は、医師が患者を診療したときは診療録を作成し、それを5年間保存する義務を定めている（医師法24条）。診療の基礎となる診断記録、検査記録、検査データ記録などを広義の電子カルテと呼ぶ。電子化の進展に伴い、紹介状等の紙文書で受領した文書もスキャニングして電子化文書として、デジタルな検査データなどとともに保存するシステムが使われ始めている。

子文書の作成や保存等が認められることとなった。

3 e文書法の概要

（1） e文書法の目的　　情報通信技術（ICT）を利用した経営の効率化が叫ばれて久しい。既に、民間の取引や文書管理においても、文書の入力、作成段階から、その利用、最終的な保存の段階まで、可能な限り電子化（ペーパーレス化）が普及している。こうした電子的な文書管理が確立できれば、電子データと紙、そのそれぞれの媒体変換に伴うコストや、膨大な紙の書類の管理や保管に伴う保管スペース代等の膨大なコストの削減が可能になる。しかし事業者に対して各種の行政目的から規制を加えてきた個別法令は、行政的な監督等の目的から、様々な紙の書類の作成、利用、保存を義務付けてきており、その結果として、ペーパーレスの効率的な文書管理が妨げられてきた。

　これまで、個別法令が民間事業者に紙の書類による文書の作成・保存等を義務付けてきたのは、一般的にいえば、事業者の事業活動が適正に行われていることを担保し、事後的な行政検査や監督の手がかりとすることを主要な目的としていると考えられる。こうした目的が電子的にも達成されるかぎりで、紙の文書による文書管理を電子的に行うことを認めても支障がないばかりか、そのことにより、事業活動の効率化や、社会全体の電子化を推進する効果も大きく期待される。e文書法は、こうした観点から、行政規制の規制緩和と電子化への対応を図るものである。同法は、これまで様々な法令により文書での保存等が求められているものについて、それを電子的に行うことを認め、そのことにより「電磁的方法による情報処理の促進を図るとともに、書面の保存等に係る負担の軽減等を通じて国民の利便性の向上を図り、もって国民生活の向上及び国民経済の健全な発展に寄与することを目的」（通則法1条）としている。

⋯⋯⋯⋯⋯⋯⋯⋯⋯⋯⋯⋯⋯⋯⋯⋯⋯⋯⋯⋯⋯⋯⋯⋯⋯⋯⋯⋯⋯⋯⋯⋯⋯⋯⋯⋯⋯

こらむ⓮-1　メディア変換の法的有効性

　e文書法で承認されているのは、人が認識できる電子文書の内容そのものを変えることなく電子データに変換し、いわば原本代替データとして認める考え方である。それに対し、実際上問題となりうるのが様々な理由でファイルやフォーマットを変換しなければならなくなる現実の必要性に対して原本代替と認めるかどうかの問題である。

　このデータ変換に伴う原本代替性の課題は、わが国ではほとんど議論されていないが、ドイツでは、こうしたニーズに対応すべく進められたプロジェクトの成果が出されている。

　TransiDoc（トランジドク）と呼ばれるプロジェクトでは、ファイル形式変換時に改ざん・改変の機会を排除しつつ変換を自動的に行わせ、変換に関する情報を変換書き（変換メモ）としてファイルにアタッチして電子署名やタイムスタンプを付すというような基本的な考え方を採用している。変換前文書と変換後文書の内容的同一性を確保しつつ原本代替性を確保するというこの考え方は、わが国ではまだそのニーズや対応の必要性がほとんど認識されていない電子文書をめぐる問題点に対する解決策のひとつを示しているといえよう。

　電子化が進んだ社会では、電子署名等のセキュリティ要素が付されていわば原本としての性格をもった文書が基礎となって様々な社会活動が展開されるが、こうした電子文書は、その改変が1ビットでもなされることにより、元の文書との同一性が否定される。

　技術的にはきわめて厳格なこうした文書認証の仕組みに対して、長期間、可用性（コンピュータを利用した利用可能性）をもって利用していく以上、さけられないファイル形式変換への対応は、IT技術的な観点からだけでなく、実社会のニーズに対応するという必要性からも、わが国でも議論を深め、対応策を確立していく必要がある課題ではないか。今後の課題である。

➡3　民間事業者等

e 文書法にいう民間事業者等とは、「法令の規定により書面又は電磁的記録の保存等をしなければならないものとされている民間事業者その他の者」をいい、国や地方公共団体その他の公共団体およびそれらの機関は除かれる。

➡4　通則法方式

多様な改正を個別の法令の改正によって行う個別法方式に対して、通則法方式では、通則法のみで関連する個別法の個別規定を原則的に改正する内容の規定を置き、煩雑な個別法の改正を最小限に抑えるメリットをもつ。もちろん個別法に規定がない点について、通則法の知識が求められることになる。

➡5　施行規則

法律の委任や内閣の定める政令の委任を受けまたはそれらの執行をするために定められる下位の法規範のうち、各省の大臣が定めることとされているものを施行規則という。また省令とも呼ばれる。国家行政組織法 12 条参照。

➡6　法令

国会が定める法律のみならず、内閣が定める政令（施行令）、各省の大臣が定める府省令（施行規則）、委員会規則等をいう。法律よりも効力の弱い政令や主務省令中にも、文書作成保存等を義務付ける規定例がある。

➡7　電磁的記録

「電子的方式、磁気的方式その他人の知覚によっては認識することができない方式で作られる記録であって、電子計算機による情報処理の用に供されるもの」。法令中でデジタルデータを定義するときによく用いられる定義である。

（2）**定義─適用範囲**　　e 文書法（通則法）が適用される対象は、2 条の定義規定でその範囲が定められる。

通則法は、その 2 条で定義する「**民間事業者等**[3]」が、法令により書面（紙の文書）で「保存等」（保存、作成、縦覧等および交付等）をするよう規制されているものを、原則として電子的に可能とする法律であり、基本的に、定義規定によりカバーされる保存等の対象につき、電子的に行うことを可能とする原則を定める[4]。具体的に、どの書面等が、どういう要件にしたがって電子化が認められるかについては、e 文書法に基づく**施行規則**[5]等で詳細に定められることとなっている。また通則法は、国の「**法令**[6]**により**」規制されてきたものを電子的に行うことを承認するものであって、都道府県や市町村などの地方公共団体が条例や規則により文書の保存等を規制しているものについては同法の適用対象ではなく、今後、地方公共団体の条例等により電子化が承認されることになっている（7 条 1 項参照）。

従来から紙による作成・保存等が義務付けられてきた「書面」とは、「文字、図形等人の知覚によって認識することができる情報が記載された紙その他の有体物」と定義されている。通則法によりこの書面を、「**電磁的記録**[7]」、すなわち電子データや電子文書によって保存等を行うことが認められることとなる。

（3）**電子的保存の承認**　　通則法 3 条 1 項によれば、民間事業者等は、「保存に関する他の法令の規定により書面により行わなければならないとされているもの（主務省令で定めるものに限る。）については、当該法令の規定にかかわらず、主務省令で定めるところにより、書面の保存に代えて当該書面に係る電磁的記録の保存を行うことができる」。これにより、民間事業者等は、文書による保存が個別の法令により義務付けられているものであっても、電磁的記録での保存が認められる。ここで想定されている電子的な保存は、電子的に作成された文書を電子的に保存する場合のみならず、紙の文書をスキャナ等で電子化して保存することも含まれており、膨大な紙の文書を電子化して保存することにより保存コストの削減などの大きな効果が期待される。

ここで注意を要するのは、この一般原則には、限定がついており、電子保存が認められる文書の範囲および保存方法などの細目については、主務省令で定められることとされているので、具体的な文書の範囲等については、主務省令で定められている内容を確認する必要があることである。主務省令でこうした細目を定めることとしたのは、たとえば改竄防止措置の要否・程度など、個別の法令ごとに、文書保存の目的や電子化に際しての考慮事項が異なると考えられたためである。電子的な保存が認められる範囲も主務省令で定められるが、除外することが想定されているのは、緊急時に即座に見ることを要する書面、条約により保存が義務付けられ現に書面での保存が実施されている書面、免許証、許可証等第三者に対して法的地位を表す書面などである。

（4）**電子的作成の承認**　　次に、通則法 4 条では、他の法令により書面で作成をしなければならないとされているものについて、「主務省令で定めるところにより、書面の作成に代えて当該書面に係る電磁的記録の作成を行うことができる」とされ、電子的な文書作成が認められている（4 条 1 項）。ま

たその際に、署名等が必要な書面については、「氏名又は名称を明らかにする措置であって主務省令で定めるものをもって当該署名等に代えること」を認めている（同条3項）。紙の文書の場合に、署名押印等が求められているものについて、電子署名などの本人確認手段を特定し主務省令で定めて代替させることとしている。

　紙の書面の場合は、署名等（署名、記名、自署、連署、押印その他氏名または名称を書面に記載すること。2条7号）により、本人によるものであることの確認がなされるのに対し、電子文書の場合は、本人による記名があっても本人確認ができないことから、電子署名などの「氏名又は名称を明らかにする措置」を限定して認める必要があるために、こうした規定が置かれている。

　(5)　電子的縦覧等の承認　　書面は、作成および保存のみならず、その利用についても電子化された状況に対応させることが必要になる。そこで通則法5条は、「書面又は電磁的記録に記録されている事項を縦覧若しくは閲覧に供し、又は謄写をさせる」行為（裁判手続等において行うものを除く）を、「主務省令で定めるところにより、書面の縦覧等に代えて当該書面に係る電磁的記録に記録されている事項又は当該事項を記載した書類の縦覧等を行うこと」で代えることを認める。これにより、書面での縦覧等でなく、電磁的記録として作成されている情報をディスプレイに表示したり、またはプリントアウトした書面で行うことが認められることになる。

　(6)　電子的交付等の承認　　通則法6条は、文書の交付等を電子的に行わせるための規定を置く。民間事業者等が「書面又は電磁的記録に記録されている事項を交付し、若しくは提出し、又は提供」するときに、「他の法令の規定により書面により行わなければならないとされているもの（当該交付等に係る書面又はその原本、謄本、抄本若しくは写しが法令の規定により保存をしなければならないとされているものであって、主務省令で定めるものに限る。）」については、当該他の法令の規定にかかわらず、政令で定めるところにより、当該交

コラム⑭-2　電子帳簿保存法

　電子的保存が認められる際のタイムスタンプの利用などの技術的細目要件は、各府省の施行規則のなかで、定められるため、本文で述べたように施行規則の具体的な内容の検討が重要になる。こうした動向のなかで、タイムスタンプなどの時刻証明のための様々なサービスについても、第三者による客観的な認定を経て、安全で信頼性のあるタイムスタンプなどのサービスを供給しようとする体制ができている。一般財団法人日本データ通信協会は、2005年2月7日から「タイムビジネス信頼・安心認定制度」を開始してタイムスタンプの民間版認定制度を創設・運用しているが、これに対して、財務省は、「電子計算機を使用して作成する国税関係帳簿書類の保存方法等の特例に関する法律施行規則」を改正し（平成17年1月31日財務省令第1号による）、同規則3条5項1号ハの要件のなかでデータ通信協会の認定を受けたタイムスタンプを付加することを求めてきた。本書❾で述べたように、現行法の規定のなかには、タイムスタンプについて規定しあるいは要件を定めるなどの規定はない。しかし、施行規則のなかで、法律の根拠のないタイムスタンプに言及し、それを付すことを義務付ける規定が置かれていることはきわめてめずらしい規定であるといえる。現行法では、総務大臣の告示に基づく認定となっている。

　電子帳簿保存法は、いわば国が税金を厳格に徴収するための基礎を帳簿面で規制する法制度である。納税の基礎となる取引や収入等の情報のごまかしなどがないよう、本来きわめて厳格に規制されてしかるべき法制度の最たるものといっていい電子帳簿保存を認める法制度のなかでも、タイムスタンプを付しつつという要件つきながら、紙文書の電子化保存（「電子化文書」による保存）を認め、社会の電子化に対応しようとしている事例である。この事例は、法制度全体が電子化に前向きに対応しようとしていることを象徴的に示すものとして興味深い法制度の例といえよう。

➡ 8 政　令
　法律の委任を受けまたは法律の規定を執行するために内閣が定める法規範のこと。憲法73条6号参照。

付等の相手方の承諾を得て、書面の交付等に代えて電磁的方法であって主務省令で定めるものにより当該書面に係る電磁的記録に記録されている事項の交付等を行うことができる」とされている（6条1項）。電子的交付等の場合は、①次にみる**政令**の規定にしたがうことが必要なほか、②相手方の承諾があること、および③主務省令で定める細目に従う必要があることがその要件である。政令と、主務省令の規定内容をあらかじめ確認した上で、それにしたがい、さらに個別的に相手方の承諾がある場合に限って、電子的交付等が認められることに注意が必要である。

　①については、通則法の施行令2条において、電子的な「交付等を行おうとするときは、主務省令で定めるところにより、あらかじめ、当該交付等の相手方に対し、その用いる電磁的方法の種類及び内容を示し、書面又は電磁的方法による承諾を得なければならない」との規定を置いている。また、いったん承諾をした相手方から「書面又は電磁的方法により電磁的方法による交付等を受けない旨の申出があったときは」電子的な交付等は禁止され、さらに再び電子的な交付等の承諾があったときは、電子的な交付等を再開することができる旨が定められている。

　(7)　**法令のみなし適用**　　通則法では、これまでみてきたように、3条ないし6条のそれぞれ1項で、電子的な保存等（保存、作成、縦覧等および交付等）を承認している。さらにこれらそれぞれの条文の2項で、電子的な保存等を行う際に、書面等により保存等をする際に適用された法令の規定を、電子的な保存等についても書面等によりなされたとみなして、同様に適用することを定めている。これにより、電子的な保存等についても、罰則の適用や、保存期間についての規定などが従来の書面の場合と同様に適用されることになる。

　(8)　**地方公共団体および国の責務**　　通則法は、法令に基づいて書面で保存等が義務付けられてきたものを分野横断的に電子的に行うことを認めるものであるが、地方公共団体が条例や規則に基づいて書面による保存等を義務付けているものについては、直接の適用対象とはしていない。本法は、7条1項で、地方公共団体に対して、e文書法の趣旨に則って、条例および規則により書面による保存等をさせているものについて電子的な保存等を認めるよう努力義務を課している。現在まで、条例および規則により地方公共団体独自の規制がなされている部分についても、e文書法同様の電子化が容認されてきつつある。

　また、こうした電子化の推進に向けて、国も、地方公共団体に対して、情報の提供や施策の推進のための援助措置等を行う努力義務を定めている（7条2項）。

4　e文書法施行規則

　通則法により定められた一般原則を受けて、個別の法令の規定ごとに、電子保存の可否やその条件等について定めるのが、各省等の長により制定される個別の施行規則（主務省令）である。

　民間事業者からみて、具体的な文書につき電子化が容認されているかどうかは、この施行規則で電子化が認められるかどうかにかかっている。そのため、関連する法令を所管する各省等の発した施行規則の内容をみておく必要

がある。

　各省の発した施行規則は、大きく通則型と個別規則型に分けることができる。通則型は、各省の所管する法令の全般について通則的な定めを置くタイプで、個別規則型は、個別の法令についてその電子化に係る細目を定めるタイプである。複数の省等が共管する法令については、個別の施行規則が共管で制定されることになる。たとえば、個別規則型の例として、ｅ文書法の施行にともなって、電子計算機を使用して作成する国税関係帳簿書類の保存方法等の特例に関する法律施行規則が改正され（平成17年１月31日財務省令第１号による）、国税関係帳簿の電子保存について、ｅ文書法に対応する改正がなされた。また、地方税関係書類についても、地方税法施行規則25条が改正され、同様の対応がなされている。これらの例では、個別の文書の真正性、完全性確認のために、信頼性あるタイムスタンプ（「財団法人日本データ通信協会が認定する業務に係るタイムスタンプ」）の利用が明示的に求められているなどの点が重要である。こうした具体的規定への注意が求められるのである（現行法では、電子署名要件が削除され、電子帳簿保存に関しては総務大臣の認定に係るタイムスタンプのみを付せばよいとされている）。

5　今後の課題

　民間の電子化に対応して、文書等の保存等を電子的に認めている法制度は以上のような内容となっている。既に述べたように、民間の諸活動で文書等を保存等すべき場面はきわめて多様であって、結局、法制度としては、通則法で電子化対応の一般原則を定めて、各主務省令で細目を定める方式にならざるをえなかったのはやむをえないところがあろう。ただ、民間事業者にとっては、よりわかりやすい方法が模索されてもよかったのではないか。こうしたことから電子化対応のフォローアップも必要であろう。

・・・

こらむ⓮-3　医療情報の電子化・電子カルテ

　厚生労働省が所管する医療の分野でも、そこでの活動をめぐる電子化の動きが急速に進展してきている。従来からの医療の世界では、紙のカルテが作成され、さらにそれに基づき国民健康保険など保健医療の支払いがなされ、大量の書類が医療機関と保険者（国民健康保険の保険者たる市町村や厚生年金組合など）等との間でやりとりされてきた。また、処方箋も紙のままである。

　個別の医療機関では電子カルテや電子的な医療提供のシステムが導入されつつあるのに対応して、医療機関全体の電子化をどのように進めるかは、医療費の抑制等の政策目標ともかかわって重要な政策課題とされてきている。そこで、厚生労働省は、ｅ文書法の制定に際して、政省令により義務的な規制を緩和するだけでなく、具体的なガイドラインを制定して、電子化対応を進めようとしてきた。厚生労働省のガイドラインでは、電子カルテ等の電子保存に際しての要求事項を具体化しており、たとえば電子署名を利用する際にも、それとあわせて信頼性のあるタイムスタンプを利用して事後的な改竄のないことを証明する対策を具体的に示しているなど、重要な基準を示している。これは、たとえば電子カルテに電子署名したのみでは、署名者がさかのぼってカルテ内容を改ざんするなどの不正な行為を防止し、一定の日時における記載であることをもあわせて認証させようとする観点から求められているものといえよう。

　医療の分野では、こうした電子化対応の動きに合わせて、医師の資格証を署名カード化し医療分野独自の認証システムを導入する動きが進められてきている。こうした動きにより電子カルテやレセプト（保険支払い請求書類）の電子化が進むものとみられている。この医療分野の電子化の例は、紙の文書や様々な検査データ等を統合的に電子化して、電子化のメリットを極大化させるための改革であり、ガイドラインによるという課題はあるものの、今後他の分野での電子化に際し参照されるべき重要な事例といえよう。

15 行政情報の公開と利活用は どのように保障されているのだろうか

設例 X町に住むAさんは、仕事の関係で自分が勤務する会社のあるY町の行政活動について知る必要を生じたため、Y町の開設するホームページを参照した。しかし、必要な情報が得られなかったので、Y町役場の窓口まで出向いて、目的の情報が記載された文書に関する目録の閲覧を請求した。閲覧をしてみると、目録には必要な情報が記載された文書は掲載されておらず、また関連がありそうないくつかの文書についても、閲覧に供されているものと、そうではないものとがあることがわかった。そこでAさんは、Y町情報公開条例に基づいて、情報公開請求をすることにした。

1 情報公開法制とは何か

(1) 文書閲覧窓口制度と開示請求権制度 法律や条例に基づいて行政情報が記載された文書（通常は紙媒体のみならず、図画や電磁的記録をも含む）を開示・公開請求する法制度を情報公開法制と呼ぶ。

3でふれるが、情報公開法制において開示請求ができる者は、法律や条例で定められた権利を有する者（請求権者）に限られる。しかし2でふれるように、情報公開法制はあくまでも主権者・市民の立場に立脚した法制度なので、請求対象文書が開示された場合には、その者のみならず広く市民に「公開」される結果をもたらす。そのため、ここでは「開示」と「公開」という用語が混在している。いずれか一方のみが用い方として正しいとはいえない。これに対し、あくまでも「本人開示」の法制度である個人情報保護法制（本書❿参照）の場合には、「公開」という用語は使えないことになる。

なお、情報公開法制は6で取り上げる行政情報の提供と目的の上で重複する場合もあるが、あくまでも法制度である点で区分されることになる。

設例においてY町は、その保有する文書について、窓口での閲覧対応を行っている。つまり、閲覧制度によって閲覧が可能な文書のみを閲覧に供しているわけで、Y町はその保有するすべての行政文書について閲覧制度による対応を図っているわけではない。Y町のこうした対応自体に問題はない。文書閲覧窓口制度によって閲覧可能な場合以外の場合については、Y町が開示請求権を保障する法制度である「Y町情報公開条例」を制定しているので、Aさんが行おうとしている開示請求権の行使に進めばよいことになる。

(2) 実施機関、行政情報と議会情報 国の情報公開法である「行政機関の保有する情報の公開に関する法律」（1999年制定・2001年施行。以下，情報公開法という）は、その名称からも明らかなように、実施機関（法が対象としている機関を示す用語で、情報公開の対象として特定・明記される機関のこと）を「行政機関」に限定している（2条1項各号明記のもの）。そのため、同じ国の機関

86

であっても、国会や裁判所は情報公開法の対象外となる。

　なお、わが国には国会や裁判所についての情報の公開を定める法律はないが、情報公開法とは別に、「独立行政法人等の保有する情報の公開に関する法律」という法律もある（2001年制定・施行。以下，**独法情報公開法**という）。そうすると、情報公開法は、あくまでも「行政機関の保有する情報の公開」に限っての法律ということになる。

　これに対して、地方公共団体では一般的に、情報公開条例や公文書公開条例の実施機関のなかに「議会」が含まれている（もっとも、行政とは別に、議会情報もしくは議会文書に固有の公開条例を制定する例もある）。そのため、今日ではすべての都道府県、また、ほぼすべての市町村で、行政情報とさらには（国の場合とは対照的に）議会情報の公開のための法制度が確立している。

　（3）　**対象物としての「文書」**　　情報公開法では、またほとんどの情報公開条例・公文書公開条例では、公開・開示の対象となる「行政文書」「公文書」について、「職員が職務上作成し、又は取得した文書」であると定めている。そのため、行政の職員が組織的に共用するために職務上「作成」した場合はもちろん（たとえば会議で参加者全員に配布された資料や、組織として用いる議事録を作るためのオフィシャルな録音などは対象になると考えられる。反面で、会議の参加者・職員が個人的に取ったメモの類はそうではないだろう）、さらに作成せずとも、職務上「取得」した文書（たとえば、民間企業が作成して申請等のために提出した書類などで、現に行政が保有している文書など）も対象となる。

　そのため、名称が「公文書公開条例」であれば、そのまま「公文書」や「行政文書」の開示・公開の法制度となるし、「情報公開条例」の名称を用いていたとしても、通常は「情報」でなく「文書」の開示・公開が規定されることになる。この点は国の場合も同様であり、情報公開法上では「行政文書」（2条2項）、独法公開法上では「法人文書」（2条2項）という概念が用いられている。

⏺➋　**独法情報公開法の特色**
　独法情報公開法2条1項は、「独立行政法人等」を独立行政法人通則法2条1項に規定する独立行政法人（2016年4月現在で88法人が存在）および同法の別表第一に掲げる法人（別表列記のもの。なお、特殊法人・認可法人は一部のみが対象となっている。総合法律支援法に基づく日本司法支援センター、国立大学法人法に基づく国立大学法人・大学共同利用機関法人も対象法人である）と定義している。開示手続、不開示情報、部分開示、存否応答拒否などの大部分の規定は、情報公開法と同様のものになっている。開示請求権者も「何人も」と規定されており、情報公開法に同じである。ただし、開示請求の相手方が独立行政法人等の長ではなく、法人自体になっている点には注意を要する。

こらむ⓯-1　審査会と裁判所との権限の違い、インカメラ審理

　情報公開や個人情報保護の場合に登場する審査会は、行政庁が処分を行うのに先立って機能する審査会ではない。処分庁（処分を行った行政庁）による不開示決定に対する不服申立てがなされた場合に、諮問庁（処分庁や処分庁の上級庁など、審査会への諮問を行った行政庁）からの義務的諮問を受けて調査審議を行う機関である。国の場合には「情報公開・個人情報保護審査会設置法」という法律に基づいて、個人情報の場合とあわせた審査会が設置されている（本書⓾でも出てきた）。地方公共団体の場合には条例の定め方によるが、情報公開と個人情報保護の審査会が別置される場合も少なくない。

　審査会は第三者機関ではあるが、その決定（答申）に法的な拘束力はない。つまり「諮問機関」であって「参与機関」ではない。

　しかし、訴訟になると、裁判所（裁判官）は、間接証拠ないし周辺資料に基づいて不開示事由の該当性を判断するにとどまる。それは、裁判に至って請求対象とされた行政文書そのものを行政機関が提出すれば、当該文書を開示したのと同じ結果をもたらすことになるからである。

　このように、訴訟での「インカメラ審理」（裁判所が情報公開訴訟における対象文書の不開示事由を審理するにあたって、裁判所限りで非公開・直接に［in camera］当該文書を見分する方法で検証を行うこと）が認められていないことからすると（なお、最高裁も、平成21年1月15日決定 最高裁判所民事判例集63巻1号46頁において、情報公開法に規定が存在しないことから情報公開訴訟におけるインカメラ審理は認められないことを判断している）、不服申立てに対する審査会の判断は、救済の観点から実効的な制度といえそうである。

　実際に、こうした調査権限を踏まえて出される答申については、その結論が開示であっても不開示（あるいは一部開示）であっても、諮問庁は答申に示される結論を受け入れるのが通常である。

2 情報公開法制と個人情報保護法制

本人開示を原則とする個人情報保護法制（本書❿参照）と情報公開法制とは異なる。情報公開法制度上では、主権者への「アカウンタビリティ」（説明責務）や市民・住民の「知る権利」の要請から、不開示にできる場合は例外となり、あくまでも開示・公開が原則となる。そして、こうした制度の趣旨から法や条例で定められる者に広く開示請求権が認められ、開示・公開請求に際しての目的や動機が問われることもない。

設例においてAさんは、仕事の関係からY町の行政情報を知ろうと思い（そうした目的・動機で）情報公開法制の利用に至った。しかし、そもそもY町情報公開条例上でAさんに開示請求をする資格（開示請求権）が認められていれば（3参照）、Aさんが個人的に自分の職場があるY町の行政活動をチェックしようと考えた場合でも、あるいは何となく気になった、思い立ったからという単純な理由であっても、その開示請求権を行使することができる（もっとも、そうはいっても、むやみに開示請求権を行使することははたして妥当なのか。この問題については、こらむ⓯-2を参照してほしい）。

3 誰が開示・公開を求めることができるのか

情報公開法や独法情報公開法のように、開示請求権者が「何人も」と規定されている場合には、法人であっても、また日本国内のみならず外国に居住する外国人にも、開示請求権が認められる。条例上でも、数の上では、こうした「何人も」型で規定する条例の方が多いようである。

もっとも、条例のなかには、開示請求権の主体を一定の範囲の者つまり「住民」（市民・町民・村民）に限定している場合がある。この場合には、その地方公共団体に「住所を有する者」、同じく「事務所又は事業所を有する個人及び法人その他の団体」、その地方公共団体に「存する事務所又は事業所に勤務する者及び市内に事務所又は事業所を有する法人その他の団体の構成員」、同じく「存する学校に在学する者」といった限定がかかることになる。

そうすると、設例ではAさんの勤務先はY町にあるものの、Aさん自身はY町の「住民」ではないから、条例に基づいてAさんが情報公開請求を行う資格があるか（開示請求権者になれるか）否かは、Y町情報公開条例の規定次第ということになる。

4 開示・公開ができないと判断される場合とは？

AさんにY町情報公開条例上の開示請求権が認められていても、Aさんが知りたかった行政文書に記載されたY町の行政情報が、条例上の「不開示情報」（法律や条例で明記されている開示できないとされる場合）に該当すると行政（実施機関）が判断した場合には、開示・公開されないことになる。

ただし、原則はあくまでも開示であるから、実際は不開示情報に該当する部分については不開示とし、その余の部分は開示とする部分開示（つまり、見方を変えれば部分不開示）となるケースも少なくない。

(1) **文書の特定、不存在、存否応答拒否**　もっとも、その前段階としてY町はまず、Aさんからの開示請求に対応する行政文書が町に存在しているかどうか、つまり請求文書の特定作業から始めることになるだろう。たとえ

ばAさんの請求があまりにも漠然としていて何を求めているか把握し難い
ような場合には、Y町はAさんに対して「補正」を求めることもある。その
上で請求された文書を検索することになるが、ここでは、そもそも文書が
「不存在」である（廃棄等による「物理的不存在」、あるいは何らかの文書が存在し
ていた場合でもAさんが求めるものと解することはできないという判断になる「解釈
不存在」）という決定が下されることもありうる。➡3

また、"そもそも請求された文書があるともないとも断定しないで、答え
ることを拒否する"という選択肢を行政サイドに認める**「存否応答拒否」**の➡4
判断も考えられる。

（2）不開示・非公開情報としての「個人情報」と本人開示の可否　　不開
示情報にはいくつかのパターンがあるが、そのひとつに「個人情報」がある。
特定された行政文書に、誰かの個人情報が記載されていれば、その部分は原
則として不開示になる。

かりに、Aさん個人に関する何らかの情報（つまりAさんの本人情報）をY
町が保有しているものと考えて、Y町情報公開条例に基づいてAさんが自ら
の情報を開示してほしいと求めても、Y町はおそらく条例上の不開示情報と
しての「個人情報」に該当することを理由に、不開示処分にするはずである。
それは、誰の情報であっても（開示請求する本人の情報であろうとなかろうと）、
また誰が開示請求をしようとも（開示請求者が本人であろうとなかろうと）、そ
の情報があくまで個人に関する情報であれば、情報公開法制上ではそれを
"公開"することはできないと考えるからである。

なお、個人が識別される情報を不開示とする場合を「個人識別型」という。
多くの自治体条例や情報公開法上の不開示情報としての「個人情報」もこの
類型に属する（同法5条1号参照）。いまひとつは、個人識別性に加え、たと
えば条文中に「他人に知られたくないと望むことが正当と認められる」といっ
た要件を明記して、当該情報等について不開示とする場合があり、これを

➡**3　行政文書の不存在**
　不存在決定も、不開示決定の場
合同様の行政処分であるから（と
もに行政手続法上の「申請に対す
る処分」に該当する）、審査会へ
の不服申立てや訴訟による救済が
可能である（本文5参照）。なお、
訴訟に至った場合に、不存在によ
る不開示決定時に行政機関その行
政文書を保有していたことの主張
立証責任は原告側が負うべきであ
るとした最高裁判決（平成26年
7月14日判決　最高裁判所裁判
集民事247号63頁）がある。

➡**4　存否応答拒否**
　たとえば、特定個人にかかる病
歴や犯歴などのセンシティヴな情
報を記載した行政文書の開示請求
がなされた場合に、不開示事由と
しての「個人情報」に該当するか
ら不開示にするという決定を下す
と、そうした文書を行政機関が保
有していることが公になってしま
う。そのため、情報公開法8条は、
「開示請求に対し、当該開示請求
に係る行政文書が存在しているか
否かを答えるだけで、不開示情報
を開示することとなるときは、行
政機関の長は、当該行政文書の存
否を明らかにしないで、当該開示
請求を拒否することができる。」
と規定している。条例の多くにも、
こうした存否応答拒否についての
規定が存在している。なお、存否
応答拒否の決定も処分であるから、
不開示決定や不存在決定の場合に同
じく、救済を求めることは
可能である（本文5参照）。

こらむ⑮-2　情報公開法制における「権利の濫用」

　本文で確認した情報公開法制の趣旨や存在意義に照ら
せば、「権利の濫用」という発想はなじまない。実際に、
情報公開法、独法情報公開法にも開示請求権者の「権利
の濫用」にかかる明文規定は置かれていない。両法第
10条の特例である第11条の規定にも、単なる大量開示
請求のみを理由とする適用余地はないとされる。

　2009（平成21）年10月から11月にかけて総務省は、
各省庁および都道府県を対象とした調査を実施し取りま
とめを公表した。その結果からうかがえる「濫用」例は、
開示請求権者が一定範囲での文書特定を行わず（補正の
求めなどにも応じず）、単に"○○課において保有するす
べての行政文書"といった開示請求をあえて行う場合、
過去に開示請求した文書と同一あるいは同種の文書を同
一人が繰り返し開示請求する場合、開示請求しても閲覧
を一切行わない、あるいは一部しか閲覧しないなどの行
為を繰り返す場合、「文書の内容はどうでもいい」、「私
を怒らせると開示請求をする」といった発言等からうか

がえる、明らかに文書開示以外の請求動機・目的に基づ
く場合などである。多くの市町村においても権利濫用的
な開示請求は、看過できない問題となっている。

　条例上では、一般的な濫用禁止規定が置かれる場合、
さらに進んで、実施機関による請求拒否を明記する場合
がある。最近の傾向としては、後者に移行するための条
例改正が増加しているようである。兵庫県や横浜市など
では「指針」や「手引き」による解釈運用方針を明確化
しているが、規程・規則等に委ねる、あるいは別途の観
点から手数料予納方式の可能性を探って大量開示請求の
抑制効果を期待することも考えられる。

　当然のことながら、行政による"「権利の濫用」の濫用"
は許されない。しかし他方で、明文規定の有無にかかわ
らず、開示請求権者において制度の意義や趣旨を十分に
踏まえ、「濫用」と疑われない真摯な姿勢・対応を図る
べきことも明らかだろう。「説明する側の責任」のみな
らず、「説明を求める側の責任」も問われている。

「プライバシー型」という。数の上では「個人識別型」の方が多い。

(3) その他の不開示・非公開情報　　さらに個人情報以外の不開示情報としては、情報公開法5条2号に規定される「法人情報」、同条3号の「国の安全、防衛・外交情報」(「国」なので同法に固有)、同条4号の「公共の安全情報」、同条5号の「意思形成過程情報」、同条6号の「事務事業・行政運営情報」が一般に明記されている。また、条例上の不開示情報としては別途、法令または条例の定めによって公開することができない情報等について公開してはならない旨を定める「法令秘情報」も加わる。なお、「公共の安全情報」については都道府県条例上の実施機関に「公安委員会」「警察本部長」が含まれるので、(市町村ではなく)都道府県条例上での不開示情報となる。

これらの不開示事由(情報)については、いずれかひとつではなく、いくつかにわたって該当すると判断される場合もある。

5　不開示・非公開になった場合の救済ルート

行政が不開示処分を行った場合に処分の相手方は行政に対して不服を申し立てることができるが、ここで行政は法や条例に基づいて設置される「審査会」に対して諮問を行わなければならない。審査会は、行政の機関ではあるが、行政の職員以外の外部の有識者等によって構成され、第三者的な立場から調査審議を行う機関である。「イン・カメラ審理」(調査権限に関し、審査会が必要と認める場合には、対象となる文書等の提示を求めることができ、この求めは拒むことができない)など種々の権限が認められている(うらん⑮-1参照)。

設例ではY町情報公開条例に基づいてAさんが情報公開請求をすることになっていたが、Aさんが開示請求権者であった場合、Y町は開示請求に対して何らかの処分を下すことになる。それが開示・公開の決定であれば問題はない。しかし、不開示等の決定(原処分)が下されると、AさんはY町の行政機関の長など処分行政庁に不服を申し立てることができ、この不服申立てについての行政判断がなされる前の段階で登場するのが同条例(もしくは別途の条例等)によって設置される「Y町情報公開審査会」ということになる。

また、不服申立てのみならず、裁判所に対して、行政事件訴訟法に基づく不開示処分の取消や開示の義務付けを求める訴えを提起することもできる。もっとも、不服申立てをしなければ訴訟を提起できないわけではない(不服申立て前置主義は採らない)。そうすると設例上でAさんは、直接に裁判所に前記の訴えを起こして司法救済を求めることもできる。

6　行政情報の電子的提供

最近は「マイナンバーカード」の利活用を国が盛んに唱えているが、基礎的自治体である市町村においても、たとえば住民票のコンビニ交付のように、行政のIT(情報技術:Information Technology)化・情報化あるいは行政手続の電子化が積極的に進められている(詳しくは、本書⑭参照)。

設例においてAさんは、まずY町のホームページを参照して自分に必要な行政情報を得ようとした。これも行政の情報化の一端といえるだろう。国は、目下、行政情報の電子的提供の積極的な推進を図っており、地方公共団体も同様の状況にある。特に高齢化や過疎化が進む地区・地域を抱える自治体では市町村合併によるエリア拡大もあり、わざわざ役所まで出向かずに自

宅で、あるいは近所のコンビニ等で一定の行政サービスを住民が受けられる利便性もある。

　しかし、インターネットやSNSをツールにすることができない住民・市民への対応も不可欠である。現実に生じている"デジタルデバイド"に対処するには、電子媒体以外による従来からの広報・広聴や提供・公開開示の手段の存続も不可欠といえる。そうすると行政情報の電子的提供の実状は、行政による情報伝達・受領のツールの多様化として捉えるべきだろう。また、特に基礎的自治体は、住民基本台帳業務も含めてパーソナルデータの主体である住民に日々正対し、直接にかかわる業務を遂行している。データ管理やセキュリティについての不断の確認や見直しはもちろんだが、業務がルーティンワーク化することによって生ずる危うさも日々強く意識しておく必要があるだろう。

7　オープンデータと行政情報の利活用

　官民データ活用推進基本法（平成28年法律103号）で、国及び地方公共団体は「オープンデータ」に取り組むことが義務付けられた。「オープンデータ」をめぐる議論は、公共データが二次利用可能な形で提供されることによってもたらされる官民による様々なイノベーションの創出にある。「ビッグデータ」（本書❿参照）とも関連性を有するが、たとえば総務省のオープンデータ実証実験からは資料⓯-1のようなサービスの提供が可能になる。

　オープンデータ基本指針（平成29年5月30日IT本部・官民データ活用推進戦略会議決定。令和3年6月15日改正）に基づく今後の取り組み上でも、多様なオープンデータが考えられる。そこで、二次利用可能なルールが適用され、機械判読に適した無償利用可能な公共データの案内・横断的検索を目的としたオープンデータの「データカタログサイト」も開設されている（詳しくはデジタル庁ウェブサイトの「オープンデータ」を参照）。

・・・

資料⓯-1　オープンデータ実証実験

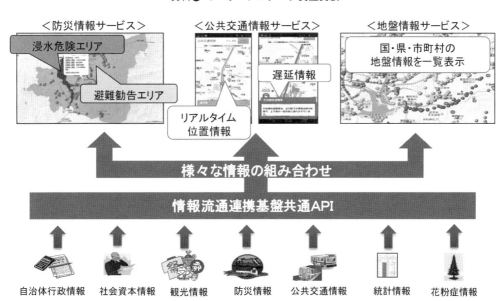

出所：総務省ウェブサイト（2022年4月アクセス）、https://www.soumu.go.jp/menu_seisaku/ictseisaku/ictriyou/opendata/opendata03.html

■著者紹介（執筆順、＊は編者）

＊米丸恒治（よねまる　つねはる）　専修大学法科大学院教授　　　　　1・3・9・13・14

　宮脇正晴（みやわき　まさはる）　立命館大学法学部教授　　　　　　2・6

　園田　寿（そのだ　ひさし）　　　甲南大学名誉教授　　　　　　　　4・12

　和田真一（わだ　しんいち）　　　立命館大学大学院法務研究科教授　5・7

　坂東俊矢（ばんどう　としや）　　京都産業大学法学部教授　　　　　8・11

　井上禎男（いのうえ　よしお）　　琉球大学法科大学院教授　　　　　10・15

18歳からはじめる情報法〔第2版〕

2017年4月5日　初　版第1刷発行
2022年9月20日　第2版第1刷発行

編　者　　米丸恒治

発行者　　畑　　光

発行所　　株式会社 法律文化社

〒603-8053
京都市北区上賀茂岩ヶ垣内町71
電話 075(791)7131　FAX 075(721)8400
https://www.hou-bun.com/

印刷：西濃印刷㈱／製本：㈱藤沢製本
装幀：白沢　正

ISBN 978-4-589-04234-7

©2022　Tsuneharu Yonemaru Printed in Japan

〈18歳から〉シリーズ

新入生を対象に、高校までの"勉強"とはひと味ちがう"学問"のおもしろさを感じてもらうための入門書シリーズです。18歳の目線で捉えた具体的な事象からひもとき、各科目の基礎となるエッセンスを解説しています。

＊B5判・カバー巻・100〜120頁